ANYONE CAN DO IT

나의 첫
사업 계획서

ANYONE CAN DO IT

: Building Coffee Republic from our Kitchen Table – 57 Real-Life Laws
on Entrepreneurship
by Sahar Hashemi and Bobby Hashemi

초짜 사업가로 시작해 대부호가 된 남매를 따라한다!

사업을 처음 시작하는 당신을 위한

나의 첫
사업 계획서

COFFEE REPUBLIC
COEEFF & ESPRESSO BAR

...eneo ...nse... ...93 and ...es, and is still expanding rapidly.

...this concept to the U.K. It seems that the leading U.S. ...ousiness are far too busy expanding in the U.S. to concentrate on the ...here is thus an opportunity to lead the trend in the enormous U.K. market - this is the opportunity Java Express intends to exploit.

The U.K. specialty coffee beverage market is still dominated by the traditional Italian sandwich bars who serve mediocre coffee - the atmosphere is focused on food and not coffee. And yet the average London Italian sandwich bar sells about 500-600 cappuccinos a day, for example, Ponti's in Covent Garden, which is a food bar rather than a coffee bar, manages to sell 6,000 cappuccinos on a Saturday.

But times are changing and the domination of these Italian sandwich bars is rapidly being eroded by new food retailing concepts such as Pret a Manger. But no one has yet challenged the sandwich bars on the coffee.

There has been some recent press coverage about the new "coff... Costa Coffee, the only major coffee bar chain, manages to sell ... lunch period every day in Moorgate. Successful cart operation... the Broadgate centre and manage to sell a thousand cappuccino... generally, the gap between tea and coffee drinking has been steadily reducing in the

3

사하 & 보비 하세미 안기순 옮김

민음인

서문
사업을 처음 시작하는 사람들에게
왜 지금 당장 꿈을 추구하지 않는가?

당신은 항상 마음 한구석에 훌륭한 사업 구상 한두 가지쯤을 기분 좋게 품고 있을 것이다. 심지어는 아무도 모르게 그 일에 뛰어들어 아이디어를 현실로 옮길 수 있는지 슬며시 알아보며 기쁨을 맛보기도 한다. 자신의 아이디어가 사업성이 있다고 믿고 있으며 그 아이디어에 생명을 실어 줄 적임자는 바로 자신뿐이라고 확신하기도 한다.

당신은 자신이 품고 있는 사업 아이디어가 성공할 거라고 확신할 뿐만 아니라 사장이 되는 꿈을 꾸곤 한다. 또 자신의 꿈에 생명력을 부여하여 보상을 받고, 만족과 자유, 자립, 전율 등을 느끼고 싶어 한다. 그러나 당신은 아무것도 하지 않는다! 꿈을 실행하는 것을 먼 미래의 불확실한 시점으로 계속 미루기만 하면서 언젠가는 꿈을 이룰 거라고 다짐만 한다. 그래서 꿈은 그저 어두운 터널 끝에서 당신의 빛이 되고, 지금 당장 꿈꿀 수 있는 위대한 미래가 되고, 하루하루 고된 직장 생활을 견뎌 내는 활력소가 될 뿐이다.

> **스스로에게 이런 질문을 던져 보라.**
> **왜 지금 당장 꿈을 현실 옮기지 않는가?**

당신은 이미 안락한 지대에 안주해 있는데, 사업가가 되는 것은 미지의 영역으로 뛰어드는 일이기 때문인가? 현재 속한 곳에서 수행하는 일이 흥미진진하거나 감동적이지는 않다고 스스로 인정하면서도 사실 당신에게는 그곳이 여전히 가장 '친숙하며 안전한 해안' 이다. 반면에 사업가의 길은 미지의 세계이자 두려움의 대상인 '깊고 푸른 바다' 이다. 여기 당신이 진정으로 맞닥뜨려야 할 질문이 있다.

"자신의 아이디어가 효과를 발휘하리라고 100퍼센트 확신할 수 없더라도 마른 땅을 떠나 '사업가 정신' 이라는 파도가 출렁이는 미지의 바다를 전심전력으로 항해할 만한 의지와 결단력을 가지고 있는가?"

앞에 펼쳐진 바다를 바라보면 아마도 불확실성과 두려움부터 떠오를지 모른다. 그러고는 이내 사업에 대한 전문 지식이 부족하다고 생각하면서 미지의 세계에 대한 막연한 두려움에 싸여 그냥 현재의 자리에 안주하고 더 이상 나아가지 않으려 한다. 그렇게 되면 앞으로 나아갈 경우에 어떤 일이 벌어질지 전혀 알 길이 없다.

사람들은 꿈을 추구할 것인지 말 것인지 결정할 때 많은 의문을 갖지만 대부분은 그 해답을 알 수 없다. 이 책은 그 의문들에 대한 대답을 수록하고 있다. 사업의 진행 상황을 알고 싶어 하는 독자에게 우리는 그 해답을 제공하고 싶었다.

우리는 사업이 어떻게 진행되는지 잘 알고 있다. 한때 당신이 지금 앉아 있는 곳과 똑같은 안락 지대에 안주해 있었고 사업에 뛰어들 것인지 말 것인지 당신과 똑같은 질문을 끊임없이 해 보았기 때문이다. 몇 년 전 우리의 모습은 당신과 똑같았다. 우리 둘 다 안정적인 직업을 가지고 있었지만 마음 한구석에는 결코 사라지지 않을 좀 더 나은 무언가에 대한 꿈을 가지고 있었다. 우리는 그 꿈을 추구했고 이제 그 이야기를 당신에게 들려줄 수 있는 지점에 도달했다.

우리는 경영 대학원 교수가 아니므로 딱딱하고 학문적인 이야기는 하지 않을 것이다. 이 책이 새로운 사업을 시작하는 방법을 확실하게 제시하는 교과서라고 말하지도 않겠다. 또한 이 책은 전형적인 사업 체험기도 아니고 우리가 설립한 '커피 리퍼블릭'이란 회사의 연혁도 아니다.

이 책은 개인적인 이야기를 담고 있다. 어느 정도는 위에 언급한 요소들이 혼재되어 있지만 결국 사업이라는 꿈을 추구한 야심만만한 두 사람의 이야기이다. 우리는 많은 면에서 책을 읽고 있는 당신과 똑같은 사람이다. 그러나 우리 두 사람은 '생각하는 것'에 그치지 않고 실제로 발을 물에 담가 목표를 추구했으며 그 과정에서 많은 것을 배웠다.

몸담고 있던 안락한 직업이 주는 편안함을 버리고 커피 소매업이라는 완전히 생소한 미지의 세계로 뛰어들었던 그때의 상황을 이 책에서 그려 보려 한다.

우리가 걸어온 여정은 여태껏 꿈꿔 왔던 것 중에서 가장 흥미진진하고 만족스러운 모험이었지만 단순한 사업적인 모험 이상이었다. 인생 여정, 바로 그것이었다.

당신은 우리의 이야기 속에서 사업을 시작하는 데 따르는 도전과 어려움, 난관의 극복, 기쁨과 좌절 등을 단계적으로 경험하게 될 것이다. 우리가 걸어 온 사업의 과정을 통해 사업에 대한 영감과 지식을 제공함으로써 당신도 우리들처럼 할 수 있다는 것을 믿게 하고 싶다. 어려움을 감추려 하지도 않을 것이고 사업이 쉽다고 주장하지도 않을 것이다. 그러나 우리가 택한 길이 여태껏 선택했던 것 중에서 가장 보람 있었다는 점은 확실하게 말해야겠다. 힘든 일인 것은 확실하지만 꿈을 따르기로 결정하기만 한다면 인생에서 가장 큰 기쁨을 누릴 수 있을 것이다. 꿈을 추구해야 할지 안락한 지대에 머물러야 할지 결정해야 하는 기로에 서 있다면 이 질문에 대답하고 스스로 결정하라.

왜 지금 당신의 꿈을 현실에 옮기지 않는가?

인생이란 용감한 모험이다. 그렇지 않으면 아무런 의미도 없다.

— **나폴레옹**

단계별 사업 계획

이 책에서 당신은 아이디어로 시작해서 주식 공개 유한 회사를 이루기까지의 여정을 따라가게 될 것이다. 그 과정에서 사업가의 여정에 놓인 고통과 황홀경을 생생하게 보게 될 것이다. 이 여정에는 몇 가지 주요 단계가 있다. 우리는 이 단계를 따라 항해를 계획하고 이 책을 기술했다.

우리는 사업가 정신에는 일정한 과정과 방법이 있다고 믿는다. 즉 누구나 따라할 수 있는 단계별 방법론이 있다. 광범위하게 보자면 다음의 단계가 포함된다.

1단계 — 사업가가 될 준비

사업가가 될 수 있다고 확신하게 되는 단계이다. 사업가는 결코 초인이 아님을 인식한 상태에서 자신이 사업가 체질인지 아닌지 스스로 결정해야 한다.

2단계 — 훌륭한 아이디어 만들기

사업가의 삶을 원한다면 어떤 사업을 시작하겠는가? 어떻게 하면 머릿속에 '반짝이는' 아이디어가 떠오를 수 있을까? 혹은 이미 훌륭한 아이디어가 있어서 밤에도 머릿속을 떠나지 않는가? 그 아이디어가 추구할 만한 가치가 있는지 어떻게 알 수 있는가? 이렇듯 끊임없이 물으며 사업 아이디어를 만들어 나가는 단계이다.

3~7단계 — 아이디어를 사업으로 전환하기

일단 사업이 자신에게 맞고 좋은 아이디어를 갖고 있다면 다음 단계는 무엇인가?

· **3단계**는 아이디어를 가지고 행동하는 첫 단계로 시장 조사 단계이다.
· **4단계**는 사업 계획서 작성 단계이다.
· **5단계**는 자금 조성 단계이다.
· **6단계**는 아이디어를 실제적인 사업으로 전환하는 아이디어 실행 단계이다.

· **7단계**는 구축한 사업을 실제로 경영하는 단계이다.

8단계 — 사업을 키울 것인가 말 것인가

아이디어를 실행에 옮긴 다음에는 무엇을 할 것인가? 단지 꿈에 생명력을 불어넣는 것만이 중요하지는 않다. 살아 있는 사업을 구축한 후 성장시키면서 파생되는 문제들을 처리할 수 있어야 한다.

우리는 커피 리퍼블릭을 사업화하는 데 시간이 얼마나 걸렸느냐는 질문을 종종 받는다. 답은 일 년 정도다.

사업화 기간의 단위는 대략 다음과 같다.

아이디어 발견	하루
아이디어 조사	2개월
사업 계획서 작성과 자금 조성	3개월
매장 위치 물색과 계획 실행	
매장 설계와 개업	7개월
매장 1~7개로 성장	2년
매장 7~25개로 성장	1년
매장 25~75개로 성장	2년

제1장
나는 사업가가 될 수 있을까?
사업을 할 것인가 말 것인가

날짜: 1994년 11월 2일

장소: 어둑어둑한 겨울 저녁

런던 킹 거리에 있는 타이 음식점

사하 | "뉴욕의 에스프레소 전문점에서 맛본 저칼로리 카푸치노와 무지
방 머핀 생각이 간절해. 정말 맛있었는데……. 런던에는 왜 그런
게 없는지 몰라."

보비 | "와! 멋진 생각이 떠올랐어. 내가 리먼브러더스에서 일할 때 동료
가 미국 커피 체인 사업 설명서를 내 책상 위에 올려놓은 적이 있
어. 런던에서 사업을 할 수 있는 정말 좋은 기회일지도 몰라. 우리
가 한번 해 볼까?"

사하 | "나는 변호사야! 커피를 팔겠다는 얘기가 아니라 고객의 입장에
서 그런 커피와 머핀이 먹고 싶을 뿐이라고! 게다가 난 사업과는
거리가 먼 사람이야."

보비 | "글쎄, 정말 멋진 사업 구상이라니까. 한번 해 보자."

사하 | "정말 귀찮게 구네. 변호사가 되려고 여태껏 그렇게 힘들게 공부
했는데 이제 와서 내팽개치고 커피 전문점을 열라니 말이 되니?
같이 경영 대학원 졸업한 친구나 붙잡아서 시작해 봐. 내가 매일
한두 번 들러서 커피는 마셔 줄게."

사하는 사업가가 된 자신의 모습을 상상해 본 적이 없었다. 사
실 개인 사업을 시작해 보겠다는 생각을 전혀 해 본 적이 없었다.
반면 보비는 사업에 대해서 이미 많은 지식을 가지고 있었고 사업
의 시작 단계를 제대로 파악하고 있었다. 단 사업가가 되는 데 가
장 중요한 요소, 즉 훌륭한 아이디어를 가지고 있진 못했다.

이렇듯 두 사람이 사업가로 자리를 잡는 데는 서로 출발점이 달
랐다. 사하는 고객의 입장에서, 보비는 자신의 사업을 시작하고자
하는 열망에서 출발했던 것이다.

모든 사업가가 따라야 할 정도(正道)가 있는 것은 아니다. 사람
들은 여러 가지 다른 길을 통해서 사업가의 길에 우연히 접어들게
된다. 그러나 사업가가 되려면 다음 요소가 하나 이상 결합되어야
한다.

· 사라지지 않고 머릿속에 맴도는 멋진 아이디어
· 손님의 입장에서 틈새시장을 발견했을 때(사하의 경우처럼)
· 자신의 영혼을 조정하는 선장이 되고, 자신이 소유한 배의 진정한 주인
  이 되고자 하는 열렬한 욕망(직장 생활은 이제 그만하면 충분하다!)
· 실직 등 난관에 부딪힌 경우
· 예상치 못한 사건으로 우연찮게 큰 사업 기회를 잡은 경우

· 현재 상황에 대한 권태

사업을 시작할 엄두조차 내지 못하는 사람이 많다. 아무나 사업가가 될 수는 없으며 초인적인 통찰력이 있어야 사업을 할 수 있다고 믿기 때문이다. 우리는 이 책을 통해서 사업가가 되는 길은 누구에게나 열려 있다는 점을 증명하려 한다. 사업가는 태어나는 것이 아니라 만들어지는 것이다. 누구나 내면에 소유하고 있는 사업가 기질을 활성화시키기만 하면 된다.

법칙 1: 리처드 브랜슨* 식의 무모함은 버려라.

> * 버진 애틀랜틱 항공사, 버진 모바일 등을 소유한 버진 그룹 회장, 브로드웨이로 탱크를 몰고 들어가거나 열기구를 타고 세계 일주를 시도하는 등 독특한 행동과 상식을 뛰어넘는 기발한 경영 전략, 특유의 저돌성 등으로 유명하다. ── 옮긴이

사람들은 사업을 시작하려면 어느 정도 타고난 자질이 필요할 거라고 생각한다. 그러나 이런 얘기는 속설일 뿐이다. 당장 머릿속에서 지워 버려라.

사업가를 둘러싼 속설과 통념을 살펴보자. 사람들은 사업을 시작하려면 유치원 때부터 운동장에서 사탕을 수없이 팔 수 있을 정도로 상당히 외향적이어야 하고 날 때부터 뛰어난 상상력을 갖고 태어나야 한다고 믿는다. "탁월한 리더십이 없다면 사업가가 될 생각은 하지 마라."는 것이 통설이다. 무엇보다도 안타까운 것은 정규 교육을 받았을 뿐만 아니라 관습의 잣대로 볼 때 직업적인 성공도 거둔 사람이라면 사업가를 미래의 직업으로 선택할 가능성은 거의 없다는 것이다.

불합리하기 짝이 없는 말이다. 통념을 버려야 한다! 온갖 부류
의 사람이 사업을 시작하며 온갖 부류의 사람이 사업에서 성공한
다. 정해진 사업가 유형이란 있을 수 없다. 성공한 사업가와 당신
의 유일한 차이점은 지금 당신은 도구(능력)를 소유하고 있을 뿐
이지만 그들은 도구를 '자신의 꿈'을 추구하는 데 사용하겠다고
결정했다는 점이다.

이른바 '리처드 브랜슨 효과'에 대한 잘못된 인식을 바로잡아
보자. 열기구를 타고 당당하게 세계를 일주하는 브랜슨을 바라보
면 마음속 깊은 곳에서 자신은 그러한 일을 감당할 만한 자질을
갖추지 못했다고 느낄 것이다. 사람들은 사업가가 되려면 천재나
알 수 있는 연금술사의 공식 같은 것이 필요하다고 믿는다. 자, 여
기 기쁜 소식이 있다. 사업가가 되는 데는 연금술사의 공식이 필
요하지 않다. 사업적 성공을 거두고 꿈을 달성하는 데에 반드시
브랜슨 같은 개인적인 자질이 필요하지는 않다. 당신이 속한 지역
의 번화가를 둘러보라. 대부분의 소매 상점도 한때는 처음 시작한
작은 사업에 지나지 않았다. 그중 대부분은 사업에 대해서 전혀
알지 못했을 뿐만 아니라 애당초 '사업가'가 되려 했던 사람도 거
의 없었을 것이다. 단지 자신의 제품을 잘 알고 좋아했고 이상을
향해 헌신하면서 사업을 구축했던 것이다.

역사 속에는 다양한 양상을 보이는 사업가들이 있다. 금방 머
릿속에 떠오르는 인물로 크리스토퍼 콜럼버스가 있다. 그의 위대
한 아이디어는 동쪽 대신 서쪽으로 항해해서 아시아로 가는 단축
항로를 발견하고 그 과정에서 무역으로 더 많은 이윤을 달성하는
것이었다. 그러면서 그는 아메리카 대륙을 발견하지 않았는가!
콜럼버스가 탐험을 위한 경제적 지원을 받기 위해 자신의 '사업

계획'으로 스페인 왕 페르디난드를 설득하는 데는 꼬박 육 년이 걸렸다. 콜럼버스는 일단 왕실에서 경제적인 원조를 받자 배를 구입하고 사람(운영 팀)을 고용한 다음 육 개월 후에 출항했다.(사업 설립)

콜럼버스가 역사에 등장한 지 백 년 후 식민지 개척자들은 또 다른 근사한 아이디어를 떠올렸다. 금, 은, 보석 등의 새로운 시장을 개척하기 위해 아메리카 대륙으로 가는 것이었다. 이런 무분별한 개척자들이 직면한 과업은 여느 사업자와 마찬가지의 것이었다. 왕실에서든 무역 회사에서든 모험을 실행하기 위한 자금을 조성해야 했다. 그런 후에는 사업의 기반을 잡기 위해 미지의 세계로 항해를 떠났다. 후세는 이들을 개척자로 인식하지만 그들 활동의 뿌리는 현재 우리가 '사업가 정신'이라고 부르는 데 있다.

역사를 들여다보면 기회를 인식하고 이에 따라 행동해서 성공을 거둔 인물들을 찾을 수 있다. 그들 모두가 사업가이다. '사업가'라는 용어는 현대에 만들어졌지만 실제로는 인류의 역사만큼이나 오래된 개념이다.

법칙2: 사업가 정신은 성격 특성이 아니다.

보편적 사업가 유형이란 존재하지 않는다. 또한 공통된 특징도 없어서 '어떤 특징을 갖고 있으면 사업에서 성공할 가능성이 높다.'고 미리 단정할 수도 없다. 사업가 정신에 관해서 이 책에서 강조하는 점은 '훈련'이다. 사업가 정신은 가지고 태어나는 것이 아니라 키워지는 것이다. 사업가 정신의 권위자인 피터 드러커는 이렇게 말한다.

사업가 정신은 성격 특성이 아니다. 삼십 년 동안 내가 보아 온 바로는 사업적인 도전을 매우 탁월하게 수행해 온 사람들의 성격과 기질은 매우 다양하다. 그중에는 자기중심적인 사람도 있고 대단히 정확한 태도를 지닌 사람도 있다. 뚱뚱한 사람도 있고 마른 사람도 있다. 안절부절못하는 사람도 있고 성격이 느긋한 사람도 있다. 또한 반짝이는 매력을 소유한 사람도 있고 냉동 고등어만도 못한 성격인 사람도 있다!

피터 드러커의 아내가 보청기 시장의 틈새를 발견하고 사업을 시작했을 때 그녀는 여든 살이었다. 그런데도 전형적인 사업가 유형이 있다고 말할 수 있겠는가?

"사업가란 무엇인가?"라는 질문에 대한 최상의 대답은 이렇다. 사업가는 코끼리와 같다. 표현하기는 어렵지만 일단 보면 알 수 있으니까!

자신만의 사업을 시작하고 운영한다는 면에서 사업가는 근본적으로 모두 같다. 이것만이 모든 사업가를 포괄해서 표현할 수 있는 최상의 정의이다. 좀 더 광범위하게 말하자면 사업가는 기회를 인식하고 이에 따라 행동하는 용기 있는 사람이다.

법칙 3: 사업가처럼 행동하는 것은 누구나 배울 수 있는 것이다.

사업가적인 성격 유형은 따로 없다. 누구나 사업가가 되기 위한 행동을 취할 수 있고 기술을 습득할 수 있다. 피터 드러커는 "결정을 내릴 수 있는 사람이라면 누구나 사업가가 되는 방법을 배울 수 있고 사업가처럼 행동할 수 있다. 사업가 정신은 성격 특성이라기보다는 행동이다."라고 말했다.

일단 아이디어가 떠오르고 그 아이디어를 실행하기로 결정한다면 자신이 의식하기도 전에 사업가처럼 행동하기 시작할 것이다. 모든 사업가들의 공통분모는 바로 꿈과, 이러한 꿈을 현실로 만들기 위해서 무엇이든 하겠다는 각오이다. 사업가는 우선 최종 제품을 시각화한 다음 역순으로 일을 추진한다.

사업가는 발명가와 다르다는 점을 강조하고 싶다. 발명가는 아이디어를 떠올리는 데 천재성을 발휘하지만 사업가는 아이디어를 가지고 사업을 이루어 낸다. 발명가는 자신의 본능과 천재성에 의존하는 토머스 에디슨 같은 사람으로 소수만 이 부류에 속한다. 반면 사업가는 일부의 경우는 본능적인 감각을 타고났을지도 모르지만 보통은 누구나 배우는 과정을 거친다.

모든 사업가는 기본적으로 동일한 과정, 즉 작은 아이디어를 갖고 사업을 운영하는 과정을 거친다. 이 과정은 매우 직접적이고 분명하다. 사업의 과정은 시장 조사, 사업 계획, 자금 확보, 사업 실행 등으로 나뉘는데 뒤에서 다시 설명할 것이다.

사업을 수행하다 보면 누구나 내면에 있는 도구를 사용해서 사업가적으로 행동하는 방법을 배울 수 있다. 그 내면의 도구는 근면한 노동, 헌신, 인내, 결단력 등으로 모든 사업가가 이러한 도구에 의존하게 된다. 사업가는 늘 내면의 도구를 활성화시켜야 하는데 그 촉매는 다름 아닌 아이디어에 대한 '열정'이다.

일단 사업을 시작하게 되면 사업에서뿐만 아니라 생활의 모든 측면에서 사업가적으로 행동하게 된다. 진정으로 원하는 것을 손에 넣기 위해서 더욱 진취적인 태도를 취하게 되고, 어떤 문제에 대해서도 "아니오."라는 대답을 거의 수용하지 않게 된다.

법칙 4: 열정이 사업가적 자질을 활성화시킨다.

열정은 바로 사업 추진의 연료이다! 사업가로 행동하는 데 필요한 핵심 조건은 사업 계획에 대한 열정이다. '내면의 사업가 정신'은 열정을 통해서 활성화된다. 그러므로 내면에 자리 잡은 사업가 정신을 이끌어 내기 위해서는 열정을 발휘할 수 있는 대상에 가능한 한 가깝게 접근해야 한다. 그렇게만 된다면 열정은 사업가의 여정에 연료 역할을 할 것이다. 열정이 세계를 돌아가게 한다! 열정은 활성화되지 않은 당신의 자질 모두를 끄집어낼 것이다.

정신이 번쩍 들 정도의 아이디어가 떠오르지 않는다면 사업 과정에서 발생하는 모든 고된 일을 수행하고 모든 장애를 극복하도록 스스로 동기를 부여하기가 매우 어렵다. 또한 자기 일을 사랑하지 않는다면 장기간의 힘든 여정은 아무런 가치가 없다. 힘들게 일하면서도 자신의 꿈을 추구하지 못하고 그저 버거운 노동으로만 느끼게 될 것이다. 그러려면 차라리 아침 9시부터 오후 6시까지 근무하며 월급을 받는 편이 훨씬 낫다.

요약해 보자. 열정을 통해서 당신은 사업가적으로 행동하고 사업 수행 과정에 필요한 모든 자질을 내면으로부터 끌어 내게 된다. 사업가는 누구나 아이디어에 대한 열정에서 출발한다. 그리고 열정을 쏟을 수 있는 대상은 누구나 발견할 수 있게 마련이다.

법칙 5: 기술이나 전문 지식은 필요하지 않다.

놀랄 만한 사실은 대다수의 사업가가 사업을 시작한 분야에서 훈련받거나 경험을 쌓은 적이 없다는 점이다. 사실 사업가 대부분은 실질적인 회사 운영 등의 사업 경험이 전혀 없는 상태에서 처음 사업을 시작한다. 일단 사업을 시작하고 진행하면서 사업가에게 필요한 모든 기술을 배우게 되는 것 같다. 달리 표현하자면 신참 사업가에겐 행동하는 것 자체가 가장 중요한 학습 자료가 되는 셈이다. 사업 현장은 현실 세계에 자리 잡은 '경영 학교'이다.

첫 번째 사업 계획서를 작성할 당시 사하는 경영학 석사 학위가 없는 사람은 사업에서 성공할 수 없다고 믿고 있었다. 그때 보비는 이렇게 말했다.

"사하, 이제 우리는 세계 최고의 경영 학교에 입학하는 거야."

사실 가끔은 사업 경험과 지식의 부족이 사업가에게 유리하게 작용하기도 한다. 우리는 이러한 현상을 '무지(無知)의 중요성'이라 표현한다. 모르기 때문에 오직 최종 결과만 생각하고 중간에 맞닥뜨리는 장애는 잘 인식하지 못하기 때문이다. 관습적인 사고 방식을 따르면 '틀에 박힌' 사고를 할 수밖에 없다. 그러나 사업가는 '틀에서 벗어난' 사고를 해야 한다. 배경 지식이 부족하다면 오히려 편견이 없기 때문에 다른 사람이라면 결코 시도하지 않을 불확실성에 도전해 목표를 성취할 수도 있다.

다만 사업을 시작한 사람은 사업 운영에 필요한 기술을 습득하도록 항상 노력해야 한다. 독학을 할 수도 있고 전문가의 도움을 받을 수도 있다. 단 어떤 방법을 선택하든지 현실적인 자기 평가가 필요하다.

법칙 6: 사업은 누구든지 할 수 있다. 그런데 사업은 당신에게 맞는 일인가?

물론 사업은 누구든지 할 수 있다. 그러나 누구나 다 시작할 수 있지는 않다. 우선 스스로에게 근본적인 질문을 해 보아야 한다.

'나는 진정으로 사업가가 되기를 원하는가?'

진정 새로운 일에 착수하기를 원하는지 충분한 시간을 갖고 신중하게 생각해야 한다. 이것은 단순히 직업을 선택하는 문제가 아니다. 사업은 일인 동시에 생활 방식이다.

사업은 직업을 의미할 뿐만 아니라 사람 자체를 나타낸다. 사업가에게 이 두 가지는 종종 동일한 의미를 갖는다. 사업가는 개인적인 흥미를 일과 통합해야 한다. 사업의 장점은 자신에게 맞는 일을 하면서 자신의 운명을 스스로 통제할 수 있다는 점이다. 반면 단점은 거대한 불확실성을 차단할 수 없다는 점이다. 최소한 사업 초기에 당신과 사업은 한 몸이다. 이 점을 인식하고 사업에 헌신할 마음의 준비를 하자. 언젠가 한 사업가 친구에게서 들은 말이다.

"사업을 시작하는 것과 다른 일을 시작하는 것은 크게 다르지 않아. 그런데 사업을 시작하면 얻게 되는 특별한 장점이 있지. 바로 '자기 계발'이야. 난 그게 사업이 주는 가장 큰 이익이라고 생각해."

자기 계발이라는 측면에서 보면 모든 사업가는 사업을 운영한다는 것 자체에서 엄청난 수익을 올리고 있다. 외부적으로 측정할 수 있는 사업의 성공 정도와 무관하게 말이다.

법칙 7: 경고 — 성공은 그리 만만하지 않다.
실패율이 99퍼센트다.

많은 이들이 성공을 꿈꾼다. 내가 생각하기에 성공이란 끊임없는 실패와 내적 성찰을 통해서만 성취될 수 있다. 사실 당신이 한 일 중에서 1퍼센트만 성공을 거둘 뿐 나머지 99퍼센트는 실패로 불린다.

— S. 혼다, 일본의 기업 경영인

사업은 엄청난 시간과 혼을 불어넣어야 하는 일이다. 그러므로 사업가가 된다는 것은 언제나 힘든 일이다. 상상했던 것보다 훨씬 더 심하게 거절당하고 낙심하게 되는 경우가 많다. 또한 온갖 비난을 무릅쓰고 일을 추진해야 하며 도처에서 비판에 맞닥뜨리게 된다. 꿈을 성취하는 데 소요되는 시간도 당신이 생각하거나 희망하는 것보다 훨씬 오래 걸린다. 또 사업을 추진하는 과정에서 발생할까 봐 두려워했던 일은 거의 모두 실제로 일어난다. 반면 정작 일어났으면 하는 일은 결코 쉽게 일어나지 않는다. 사업가들은 사업 초기에 그토록 상황이 어려우리라는 것을 상상조차 할 수 없었다고 이구동성으로 말한다.

그럼에도 사업을 추진하기로 결정했다면 이 일은 당신의 인생에서 할 수 있는 최선의 일이 될 것이다. 현실에 맞섰던 사업가는 자신의 결정을 결코 후회하지 않는다. 오히려 사업을 하며 겪었던 순간순간을 사랑하게 되며 그 시절에 대한 그리움에 젖는다. 나중에 뒤돌아보면 그동안 겪었던 역경과 괴로움도 모두 낭만적으로 느껴지게 된다.

> **현재의 내 모습이 되기를 원했던 당시의 나로 돌아가고 싶다.**

법칙 8: 무엇을 할지 스스로 결정하라. 결정은 당신이 해야 하고 오직 당신만이 할 수 있다.

사업가가 되는 것은 대단한 일이고 다른 사람에게 고용되어 일하는 것은 시시하다고 말할 순 없다. 단지 삶과 일상에서 자신이 원하는 것이 무엇인지 아는 것이 문제일 뿐이다. 사업가가 되려면 사업 자체가 당신에게 맞아야 한다.

그러나 다음과 같은 질문을 수록한 책이나 사업가 점검 목록이 있다면 무시하라. "당신은 실패에도 초연합니까? 거절을 예상하며 기꺼이 수용합니까? 지도자로서 놀라운 능력을 소유하고 있습니까? 상당히 창의적인 편입니까? 카리스마가 있고 사람을 능숙하게 다룰 수 있습니까?"

이런 질문은 사업가를 초인적인 인물로 표현하는 관습적 이미지만 강화할 뿐이다. 게다가 누구나 성공적인 사업가가 될 수 있는 것은 아님을 은연중에 암시한다. 실패에 초연할 수 있는 사람이 있겠는가? 또 사하처럼 법학을 공부하고 줄곧 법률 사무소에서 일해 왔다면 자신이 창의성이 있는지 없는지 어떻게 알 수 있겠는가? 누군가를 지도할 기회가 한 번도 주어지지 않았다면 어떻게 훌륭한 지도자가 될 수 있는지 알겠는가?

사업가 정신의 핵심을 짚어 보자. 탱크 안에 열정이라는 연료를 가득 채우고 나면 예전에는 깨닫지 못했던 당신 안에 존재하는 자질을 발견하게 될 것이다. 싫어하는 환경에서 따분한 직업에 종사한다면 자신의 긍정적인 부분을 볼 수 없기 때문에 자기 신념이 결핍될 수밖에 없다.

사업을 시작하려면 단순히 직업을 구할 때보다 훨씬 의식적인 결정이 필요하다. 채용 담당자도 기업 스카우트 담당자도 없다. 면접 시험이 따로 없으니 스스로를 면접해야 한다. 사업에 착수하기 전에 스스로 다음과 같은 질문을 던져 보자.

자가 면접: 사업은 당신에게 맞는 일인가?

- 아이디어 실현에 전적으로 헌신할 준비가 되어 있는가?
- 사업을 위해 개인적인 삶을 헌신할 준비가 되어 있는가?
- 새로운 아이디어에 헌신하는 데 방해가 될 다른 의무가 있는가?
- 실제로 효과를 발휘할 때까지 사업을 유지할 수 있을 만큼 지구력을 갖추었는가? 예상보다 훨씬 장시간이 소요될 수도 있다.
- 전심전력으로 일할 준비가 되어 있는가?
- 다른 사람이 당신에게 "아니오."라고 했을 때 당신도 "그렇지 않습니다."라고 대응할 준비가 되어 있는가?
- 시시한 일이라 하더라도 소매를 걷어붙이고 스스로 온갖 일을 할 준비가 되어 있는가? 사업가 정신은 아이디어만으로 이루어지지 않는다.
- 아이디어를 실현하려는 뜨거운 열정을 소유하고 있는가?

위와 같은 질문에 "예."라고 대답할 수 있다면 당신은 성공적인 사업가가 되어 꿈에 그리던 삶을 이룰 수 있는 요소를 이미 갖고 있다.

법칙 9: 사업가에게 뜨뜻미지근한 태도란 있을 수 없다.

사업에 발가락만 담글 수는 없다. 헌신해야 한다. 이 책에서는 '헌신'이란 표현이 많이 나올 것이다. 누구나 '헌신'이란 말을 쉽게 쓴다. 그러나 헌신이란 말이 상투적인 표현이 되어 버렸다고 해서 무시하면 안 된다. 헌신은 진정으로 성공의 중요한 요소이기 때문이다.

엄청난 아이디어와 발전 가능성이 있는 사업 사이에는 지뢰밭이 놓여 있다고 보면 된다. '공포, 장애물, 거절, 낙담' 등의 지뢰가 언제 터질지 알 수 없다. 지뢰밭을 무사히 통과하고 숨어 있는 장애를 극복하는 유일한 방법은 바로 사업에 헌신하는 것이다.

열정이 사업 추진의 연료라면 헌신은 엔진 역할을 한다. 장애를 통과해서 목적지까지 도달하는 추진력을 제공한다. 열정이 강할수록 엔진은 더욱 힘차게 돌아간다. 이렇게 해서 때로는 자신도 모르는 사이에 앞에 놓여 있는 장애물을 통과해서 사업을 추진할 수 있게 된다. 일단 사업에 헌신하게만 되면 목표를 성취하는 데 어떤 걸림돌도 있을 수 없다.

처음부터 완전히 헌신할 수 있다고 생각하지 마라. 아이디어를 현실로 옮기기 시작하면서 사업에 점점 더 헌신할 수 있다. 그 방법에 대해서는 제3장에서 설명할 것이다. 그러나 지금 이 시점에서 필요한 일은 사업가가 되는 데 완전히 '헌신'하는 것이다.

'헌신' 하기 전까지는 망설임, 주저, 무력함이 항상 자리 잡게 마련이다. 진취적인 행동에는 한 가지 진실이 있다. 이 진실을 알지 못하면 무수한 아이디어와 끝없는 계획은 사장되고 만다. 당신이 분명하게 '헌신' 하는 그 순간부터 신은 움직인다는 것이다. 헌신하지 않았다면 결코 일어나지 않았을 모든 일이 헌신한 후에 일어난다. 결정을 하고 나면 일련의 사건이 순리대로 돌아가게 될 것이다. 온갖 종류의 눈에 보이지 않는 사건, 모임, 물질적인 지원 등 예전에는 결코 꿈도 꾸지 못했던 일들이 일어날 것이다. 당신은 무엇이든 할 수 있다. 시작하라. 대담하게 실행에 옮기면 천재성, 힘, 마력 등이 따라올 것이다.

—**괴테**

법칙 10: 단지 돈을 벌기 위해서라면 하지 마라.

부자가 되고 싶은 바람만이 사업을 시작하는 충분한 이유가 될 순 없다. 재산을 축적할 수 있는 최상의 방법이 사업이기는 하지만 돈이 사업의 이유가 되어서는 안 된다. 사업을 수행하는 유일한 동기가 돈이라면 그 사업은 거의 실패하고 만다.

막대한 재산을 일군 사업가의 면모를 들여다보면 대부분 구체적이고 비재정적인 목표를 수립했다. 빌 게이츠가 내세운 사업의 모토는 결코 "세계 최고 갑부가 되자."가 아니었다. 바로 "모든 책상과 모든 가정에 개인용 컴퓨터를 보급하자."였다.

아버지가 우리에게 말씀하시곤 하던 격언이 생각난다.

"돈을 쫓아가지 마라. 돈이 너희를 쫓아오게 해라."

정말 좋은 아이디어가 있다면, 그리고 헌신해서 그 아이디어를 실행에 옮긴다면 정말로 돈이 당신을 쫓아올 것이다.

나는 가슴속에 열정을 품고 있는 사람과 부의 축적을 위해 아이디어를 이용하는 사람을 구별할 수 있다. 나는 '내가 어떻게 부를 쌓을 수 있을까?'가 아닌 '내가 어떻게 이 사업에서 성공할 수 있을까?'하는 의문을 갖는 사업가를 찾고 있다.

—— 아서 록, 베테랑 벤처 자본가,《하버드비즈니스리뷰》

이렇다면 사업할 생각은 하지 마라.

다음 항목에 해당된다면 당신에게는 사업이 맞지 않는다.

□ '오전 9시부터 오후 6시' 까지라는 시간 틀에서 일하기를 좋아한다.

□ 삶과 일이 분명하게 구별되기를 원한다.

□ 책임지는 일을 싫어한다.

□ 불확실성에 대처할 수 없다.

□ "아니오." 라고 거절을 당하면 주춤한다.

□ 게으른 데다가 이에 대해 자부심까지 가지고 있다!

사업을 하는 경우의 장단점

+ 융통성 있는 근무 시간

− 24시간 일에 신경 써야 한다.

+ 자신이 하는 일에 애정을 가질 수 있다.

− 초기에는 수입이 없다.

+ 남의 밑에서 일하지 않고 스스로 상사가 된다.

− 다른 사람을 책임져야 한다.

+ 사무실 규정에 얽매이지 않아도 된다.

− 상당히 외롭다.

+ 출퇴근을 하지 않아도 된다.

− 허드렛일을 모두 해야 한다.

+ 집에서 일할 수 있다.

− 집에서도 느긋하게 쉴 수 없다.

+ 꿈을 추구하는 일은 재미있고 보람 있다.

− 자신의 꿈을 파는 일은 진정한 의미에서 불확실성과의 힘든 투쟁이다.

우리의 이야기
어떻게 사업에 뛰어들었나?

지금까지 이 책을 통해서 우리가 말하고자 한 것은 '누구나 할 수 있다.'는 것과 사업을 성공시키는 데 초인적인 특성을 갖출 필요는 없다는 것이다. 우리는 기존의 사업가 이미지와는 다른 새로운 부류의 사업가이다. 우리는 타고난 사업가가 아니었으며 특정한 상황 때문에 사업가가 되었다. 우리가 사업가의 길을 걷게 된 경위를 이야기하려 한다.

우리의 유전 인자에는 사업가적인 요소가 없었다.
우리는 사업가 집안 출신이 아니다. 아버지는 회사의 경영 간부였고 어머니는 전업 주부였다. 우리는 네 살 터울의 남매로 '보비'가 오빠이다. 우리는 음식 관련된 일이나 커피, 소매업 등과 아무런 관련도 없었다. 또한 천재성을 주체할 수 없어 학교를 중퇴하고 일에서 성공한 부류의 사업가도 아니었다. 우리는 관습적인 교육 단계를 밟았는데 학교에서도 수요와 공급의 법칙을 배우기보다 그저 뛰어놀기에 바빴다. 우리는 놀라울 정도로 평범한 사람들이었다.

우리는 특별한 사람이 아니었다.

우리 두 사람 모두 학교에서든 취미 활동에서든 그다지 뛰어나지도 뒤처지지도 않았다. 상상력을 동원해야 하는 일에 놀랄 만한 재능이나 탁월한 재주가 있는 것도 아니어서 그리 남의 눈에 띄지도 않았다.

우리는 창의적이지 않았다.

사하가 아홉 살에 그린 그림

우리는 상당히 '정상적'인 아이들이었다. 창의성이 부족했던 한 예로 두 사람 모두 그림 실력이 형편없었다. 미술 시간에 선생님이 사하에게 애완견을 그리라고 했다. 완성된 그림을 보고 선생님은 사하가 티라노사우루스를 집에서 키우고 있는 것은 아닐까 의아해 할 정도였다!

우리는 어린 시절 어떤 사업적 재능도 보이지 않았으며 한 푼도 약삭빠르게 벌어 본 적이 없었다. 사탕이나 벌레 등을 팔 생각은 한 번도 해 본 적이 없었다. 고작해야 자선 기금을 마련하기 위해 집집마다 돌아다니며 크리스마스트리를 판 것이 전부였다. 우리가 처음으로 돈을 번 시기는 대학 재학 시절로 사하는 법률 사무소에서, 보비는 투자 은행에서 여름철 인턴으로 일했다.

가정에서 사업가가 되기 위한 교육을 받지 않은 것은 물론이고 오히려 '유용한 학문'을 공부해서 탄탄한 직업을 가지라고 귀에 못이 박히도록 들어 왔다. 보비가 컴퓨터 공학을, 사하가 법학을 전공한 것도 그러한 교육의 결과였다.

성장 과정에서 사업가로서 훈련을 받은 것이 있다면 노력의 가치를 배웠다는 것이다. 우리는 성공이란 영감으로 이루어지는 것이 아니라 '오직 땀으로만' 이루어진다고 배웠다. 부모님은 늘 투자한 만큼 얻게 되며 "최고가 되는 것이 중요한 것이 아니라 최선을 다하는 것이 중요하다."라고 말씀하셨다. 부모님은 열심히 일하면 무엇이든 성취할 수 있다고 믿었다. 이것이 우리가 자라면서 들었던 가장 중요한 교훈이다.

우리는 또한 가정에서 꿈을 갖는 것의 소중함을 배웠다. 우리의 꿈은 철저하게 현실에 바탕을 둔 것이었는데 열두 살이 지나면서 사하는 변호사, 보비는 금융 전문가가 되려는 꿈을 지녔다.

성인이 되고 나서

뉴욕 1993

보비는 뉴욕에 있는 리먼브러더스 투자사의 인수 합병 담당 부서에서 근무하고 있었다. 보비는 늘 월스트리트에서 근무하는 투자 전문 은행가가 되고 싶었고 그 꿈을 그대로 이루었다.

아버지는 보비에게 대학에서 컴퓨터 공학을 전공하도록 설득했다. 컴퓨터 공학이 미래에 유망할 것이라고 생각했기 때문이다. 그러나 보비는 전공에 한순간도 만족한 적이 없었다! 그럼에도 전공을 포기해야겠다는 생각은 전혀 하지 않았다. 그러나 일단 컴퓨터 공학으로 학위를 받고 난 후에는 전공과 아무런 관련도 없는 일을 하고 싶어 했다. 자신의 꿈이었던 금융과 사업의 세계로 돌아가고 싶었던 것이다.

보비는 대학을 졸업하던 그해 여름 주식에 손을 대기 시작했다. 행운이 따랐던 몇 번의 예측으로 그는 상당한 돈을 벌 수 있었다.

보비는 아버지에게 사무실에서 힘들여 일하는 것보다 더 빨리 돈을 벌 수 있는 길이 있다고 큰소리를 쳤다. 아버지는 보비에게 교훈을 줄 생각으로 1만 파운드를 주면서 여름 동안 그 금액을 열 배로 불려 보라고 하셨다. 그런데 열흘 만에 보비는 그 돈을 모두 잃고 말았다. 이 경험을 통해 보비는 인생에서 가장 소중한 교훈을 배웠다.

'돈을 쉽게 버는 방법은 결코 없다. 노력해서 벌어야 한다.'

보비는 뉴햄프셔 주 다트머스에 있는 터크 비즈니스 스쿨에서 경영학 석사 과정을 밟으면서 자기 안의 진정한 열정을 발견했다. 이 년 동안 버몬트 교외에서 열심히 공부하고 야외 스포츠를 즐기며 지내다가 졸업과 함께 리먼브러더스에 취업했다. 그곳에서 보비의 생활은 1980년대 뉴요커들의 전형적인 생활 방식이었다. 밤에 숙면을 취하는 날보다 밤새 일을 해야 하는 날이 더 많았다. 당시 보비의 인내력을 보여 주는 실례가 있다. 보비는 한 협상을 위해 목요일 아침 7시부터 다음 주 월요일 아침까지 쉬지 않고 일만 했다. 그 와중에 야간 항공편을 이용해서 출장까지 다녀왔다! 사하는 주말에 뉴욕에 갔지만 보비를 만날 수 없었다. 옷을 갈아입으려고 새벽 3시에 잠깐 집에 들렀을 뿐 이틀을 꼬박 사무실에서 일했기 때문이다. 정말 지독한 일이었다. 영화 「워킹 걸」에서 시고니 위버가 연기한 엄청나게 훈련된 투자 전문 은행가는 보비의 상사를 모델로 한 것 같았다.

투자은행업이 위세를 떨치던 시절이 있었다. 톰 행크스가 주연한 「허영의 불꽃」에 나온 것처럼 투자 전문가들의 시대였다. 회사 직원 각자에게 경비 구좌가 주어졌고 모두들 수치심 없이 여기에 빠져들었던 시절이었다.

보비의 친구들은 모두 투자 전문가였다. 보비에게도 호화로운 생활은 정상적일 뿐만 아니라 활력을 주는 요소로 느껴졌다. 여가 시간을 즐길 수 없는 불편함이 있었지만 급료로 여러 자릿수의 수표를 받고 나면 밤을 새워 고생했던 일은 잊어버렸고 일시적이나마 엄청난 부자가 되는 꿈을 꾸곤 했다. 이러한 생활은 보비가 속한 직업 세계에서는 전형적인 것이었다.

보비와 그의 친구들은 종종 뉴욕에 있는 고급스러운 회의실에 둘러앉아 언젠가 자신의 회사를 설립할 꿈을 꾸었다. 그들 모두 경영 대학원에 다닐 때부터 마음속에 간직해 온 아이디어로 부풀어 있었다. 그들은 여태껏 출간된 사업가의 전기란 전기는 모두 섭렵했다. 모든 시간을 사업가가 되기 위한 훈련에 소비한 셈이다.

보비와 친구들이 항상 마음속에 두었던 유일한 질문은 '일을 추진할 시기'였다. 그러나 대답은 항상 '아직은 아니다.'였다. 현실에서는 눈앞의 막강한 협상 건이 늘 발목을 잡았기 때문이다.

일에서 오는 즐거움을 거의 누리지 못하는 봉급 생활자이든 잘나가는 투자 전문 은행가이든 사업을 하고자 할 때 초기에 부딪히는 문제는 동일하다. 확실하고 안전한 직장을 떠나서 모든 위험 요소를 감수하며 혼자서 처음부터 다시 시작할 만한 용기가 있는가?

자신들이 하고자 하는 일이 성공하리라고 100퍼센트, 심지어 105퍼센트 확신할 수 없다면 보비와 친구들은 결코 시작할 엄두도 내지 않았을 것이다.

 런던 1993

보비가 뉴욕에서 일할 당시 사하는 런던에 있는 프레르콜믈리라는 일류 법률 사무소에서 변호사로 근무하고 있었다. 사하는 브리스톨 대학에서 개최된 이 법률 사무소의 설명회에 참석하면서부터 이곳에서 일하고 싶어 했다. 학부 학생을 모집하기 위한 설명회였는데, 다른 법률 사무소에서 파견한 변호사들은 하나같이 축 늘어져서 활기라곤 찾아볼 수 없었지만 프레르콜믈리에서 파견한 변호사들은 매우 깊은 인상을 남겼다. 파견된 변호사 수 또한 대단해서 「앨리의 사랑 만들기」(보스턴의 법률 사무소에서 일하는 변호사들의 사랑에 관한 에피소드를 다룬 인기 드라마)를 제작한 프로듀서를 동원할 수 있을 정도였다. 프레드콜믈리는 연예 사업 분야에서 손꼽히는 단체 대부분을 고객으로 확보하고 있었을 뿐만 아니라 파리와 모나코에도 지점이 있었다. 다른 법률 사무소의 지점이 대개 훨씬 따분한 지역에 있던 것과는 정반대였다. 게다가 그곳 변호사들은 일뿐만 아니라 인생도 즐길 줄 아는 것 같았다. 사하는 거의 본능적으로 프레르콜믈리를 선택했다.

정말 기억하기조차 끔찍하지만 사하는 프레드콜믈리에 지원해서 세 번 떨어졌다. 대학 1학년과 2학년 때에도 회사의 하기 고용에 지원했지만 낙방했다. 하지만 사하는 포기하지 않았다. 3학년이 되자 대학 친구끼리 어울리는 자리도 마다하고 학업에 매달린 결과 프레드콜믈리에서 요구한 학점을 취득할 수 있었고, 지원을 거듭한 결과 마침내 취업 통지서를 받았다. 꿈이 실현된 것이다!

사하가 처음 법률 사무소에 들어갔을 때 프레드콜믈리는 그녀가 기대했던 대로였다. 새 동료들은 열심히 일했고 놀 때는 더 열심이었다. 사하는 브리스톨에서 보낸 마지막 해에 철저한 계획을 세워서 정신없이 공부하고 변호사 협회가 주최하는 최종 시험을 치르느라 분투했던 것에 대해 보람을 느꼈다. 보비가 투자 은행업이 한창 전성기를 맞이했을 때 일했던 것처럼 사하가 법률 사무소에 근무하던 시기도 대규모 협상, 강력한 소송, 여성 변호사의 급부상 등으로 특징 지을 수 있는 황금기와 맞물려 있었다. 여성 변호사는 짧은 치마에 굽 높은 구두를 신고 미식축구 선수를 쓰러뜨릴 수 있을 정도로 어깨 부분에 패드가 잔뜩 들어 있는 옷을 입었다. 여성 간부는 사하에게 영감을 주는 표본이었다. 사하는 직업을 통해 진정한 행복을 찾았다고 생각했다.

게다가 더 좋은 기회가 찾아왔다. 6개월 동안 파리에서 파견 근무를 하게 되었던 것이다. 마레 지역에 있는 거대한 회사 아파트에 머물렀고 트로카데로에 위치한 호화로운 건물의 사무실에서 에펠탑을 보며 근무했다.

법대를 졸업하고 나서 처음 이 년 동안은 '수습' 과정을 거쳐야 한다. 애송이 변호사가 완전하게 자립할 수 있을 때까지 근무와 훈련이 동시에 이루어지는 기간이다. 수습 변호사는 법률 사무소의 각 부서를 6개월 단위로 돌며 업무를 익혀야 한다. 파리 체류 후에 사무소에 복귀했을 때 사하는 소송 부서에 배정되었다. 대단한 행운이 아닐 수 없었다.

사하는 '아서 스카길' 사건에 배정되었다. 아서 스카길은 1980년대에 광부 동맹 파업으로 마거릿 대처 행정부를 거의 전복시킬 뻔했던 광산 노조 위원장이었다. 1989년 7월, 사하는 전국의 텔레비전 화면과 타블로이드판 신문을 가득 채우면서 유명한 사회주의자에게 영장을 송부하는 짧은 치마를 입은 매력적인 변호사로 보도되었다. 그녀가 15분 동안 법률가로서 조명을 받았던 그때는 견습 기간이 채 끝나기도 전이었다!

그러나 실질적으로 변호사 자격을 인정받은 후에는 모든 상황이 변했다. 회사에서는 사하에게 사람들이 매우 탐내는 자리를 주었다. 인기 있는 연예 사업체에 관련된 업무를 수행하는 자리였다. 그러나 사하는 그곳이 생각과 달리 그다지 흥미로운 장소가 아니라는 사실을 곧 알게 되었다. 정식 변호사가 되고 난 후의 상황은 수습 변호사 때와는 사뭇 달랐다.

수습 변호사일 때는 각 부서를 돌아다닌다. 빠른 걸음으로 일을 하다 보면 재미는 더해 가고 그만큼 고된 일은 줄어들게 마련이다. 현재 맡고 있는 일이 마음에 들지 않아도 곧 다른 자리로 옮길 것임을 알고 있다. 마침 견습을 받고 있는 고참 변호사의 후광을 입어서 회의 때 능력 있게 보일 수도 있다. 수습 변호사일 때는 마치 자신이 영국 역대 최고의 변호사가 된 듯한 착각에 빠지게 된다. 일종의 동화 과정을 거치면서 선배 변호사들의 기술을 그대로 습득한 듯한 느낌이 든다. 간단히 말해서 수습 변호사의 생활은 감당할 수 있을 만한 업무에 압박감도 없는 대신 보상은 많고 심지어 재미있기까지 하다.

그러나 정식 변호사로서 인정을 받는 순간부터 모든 상황은 달라진다. 좋은 시절은 종지부를 찍고 지정된 사무실에 영구히 틀어박히는 자신을 발견하게 된다. 수습 변호사로서 만끽했던 모든 영광을 되갚아야 하는 시간이 돌아온 것이다. 재미와 매력은 갑작스레 사라진다. 사하는 업무 시간 내내 서류 초안을 작성해야 했다. 서류의 분량은 엄청났다. 사하는 정식 변호사가 된 후 처음 사 개월 동안은 정말로 아무도 만나지 못했고 심지어 사무실을 비울 수도 없었다. 그녀는 사내 우편함이 비치된 사무실에 갇혀 지냈다. 처리해야 할 서류를 직원이 사무실 문 밑으로 밀어 넣으면 사하는 서류를 검토하고 손질한 후에 다시 문 밖으로 내보냈다.

"아니야. 아니야. 이건 아니라니까."

사하는 스스로에게 수도 없이 이렇게 되뇌었다. 사하는 곧 이것이 자신이 바라던 삶이 아니라는 결론에 도달했다. 동료의 사무실을 찾아가서 창의성이 필요 없는 업무에 대해 개탄하고 즐거웠던 옛 시절을 그리워하곤 했다. 또한 대학 친구 중에서 법조계가 아닌 분야에서 진정한 직업을 찾은 사람이 있는지 찾아보기도 했다. 그러나 친구들은 하나같이 법률 세계 특유의 복잡한 업무에 나름대로 만족하고 있었다. 사하는 자신이 이렇듯 외톨이라는 점에 당황하기도 하고 화도 났다.

어느 날 깊은 절망감에 빠진 채 협상 건에 매달려 있던 사하의 머릿속에 번쩍이는 아이디어가 떠올랐다. 사하는 뉴욕에 있는 유명한 법률 사무소인 스케이든알프스 소속의 매력적인 미국인 변호사들이 프레르콜블리를 방문한 것을 목격했다. 고참 변호사 중 하나가 그곳에서 연수를 마치고 귀국한다는 소식을 들은 사하는 법조계에서 성취감을 얻을 수 있는 기회라고 생각하고 연수를 관장하는 상사를 찾아갔다. 4년차가 되어야 뉴욕에서 연수할 기회가 주어진다는 규정은 알고 있었지만 당장 시도해 보고 싶었다. 그러나 상사의 사무실에 들어가자마자 즉시 거절을 당하고 사무실을 나서야 했다. 그후로는 수개월 동안 '뉴욕'이라는 말조차 입 밖에 낼 수 없었다.

천성적으로 열정적인 사하가 직업에서 느끼던 환멸은 시간이 흐르면서 눈덩이처럼 불어만 갔다. 그녀는 자신이 변호사로서 행복하지 않다는 것을 직감했다. 그러나 부정적인 내면의 목소리에 귀 기울이고 싶지 않았다. 변호사가 되기 위해서 그토록 힘들게 노력했기 때문에 더욱 그랬다. 변호사가 되겠다는 야심으로 자신의 온 인생을 법률 공부에 쏟았는데 어떻게 이제 와서 변호사라는 직업을 포기할 수 있겠는가?

그런데 갑자기 모든 상황이 바뀌었다.

우리 두 사람의 세계는 일순간 완전히 바뀌고 말았다. 인생이 전환되는 순간이었다.

1993년 1월 23일 밤 아버지가 예순두 살에 심장마비로 갑자기 돌아가셨다. 유난히 가족애가 두터웠던 우리 가족은 비통에 잠겼다.

아버지가 돌아가시던 바로 그날, 뉴욕에서 일하던 보비는 런던에 계시던 아버지와 유쾌한 대화를 나누었다. 아버지는 변함없이 멋진 분이었고 퇴직 후의 새로운 생활에 막 익숙해지려던 참이었다. 그날 자정 사하는 런던의 한 병원에서 보비에게 전화를 걸어 아버지가 평화롭게 돌아가셨다는 소식을 전했다. 보비는 가까스로 브리티시 항공으로 뉴욕을 떠났다. 그리고 다시는 뉴욕으로 돌아가지 않았다.

아버지의 사망으로 우리 둘의 사고방식은 완전히 바뀌었다. 여태껏 세워 놓았던 모든 계획이 뿌리째 흔들리는 사건이었다. 완전히 다른 방향에서 새로운 렌즈로 세계를 바라보게 되었다. 다른 어떤 일도 그다지 중요하게 생각되지 않을 만한 충격이었다. 부모의 사망으로 자식은 안락 지대를 박탈당하면서 예전에는 너무 위험하다고 생각했던 급진적인 변화도 훨씬 수월하게 감당할 수 있게 된다.

보비는 투자 은행업에 더 이상 의미를 두지 않았다. 미친 듯이 일에 쫓기는 동안 자신이 원하는 삶이 무엇인지 생각할 시간조차 없었던 보비는 이제 어머니, 누이동생과 더 가깝게 있어야 한다는 것을 깨달았다. 그러나 리먼브러더스에서 계속 근무한다면 불가능할 것이라고 판단했다. 보비의 사정을 이해한 리먼브러더스는 보비에게 육 개월 간의 유급 휴가를 주고 런던으로 전근도 허용했다.

사하는 법률 사무소에 일 년 더 머물렀지만 변호사의 삶에 만족할 수 없다는 사실을 깨달았다. 직업적 딜레마에 대한 해결책을 궁리하던 사하는 처음에는 대기업 사내 변호사가 되는 것이 해답일 수 있지 않을까 생각했다.

"노동의 결과를 직접 느끼고 싶습니다."

취업 면접에서 사내 변호사가 되고자 하는 이유를 설명할 때 사하가 되풀이하곤 했던 말이다. "삶과 일 모두를 누리고 싶습니다."라고 덧붙이기도 했다. 법률 사무소 변호사는 손님을 초대하고 메뉴를 정하고 손님을 접대하는 동안 주방에서 당근을 다지고 설거지를 하느라 결코 만찬에 참석할 수 없는 존재와 비슷하게 느꼈다.

사하는 사내 변호사가 되면 이러한 문제가 해결되리라 생각했다. 회사 일에 좀 더 관여할 수 있고 만찬에도 참석할 수 있을 것 같았다. 그러나 여러 회사에 지원을 하고 면접을 보았지만 한 군데도 합격하지 못했다. 사하는 지금에서야 그 이유를 깨달았다. 사내 변호사는 정확하고 용의주도하며 매우 신중해야 한다. 사하는 결코 이 범주에 속하지 않았다. 게다가 그녀는 무시무시한 속도로 말하고 생각했다. 다시 말해서 그녀는 자신의 성격에 아주 위배되는 자리에 지원했던 것이다.

> **우리는 '해안'을 놓쳤지만 결국 '새로운 대양(大洋)'을 발견했다.**

1994년 1월 사하는 잠시 휴직하고 아르헨티나로 가서 스페인 어를 배우면서 졸업 후에 가져 보지 못한 여유로운 시간을 보내기로 결심했다. 그렇게 한 사 개월을 보냈다. 팜파스(아르헨티나의 대초원)에서 환상적으로 상쾌한 휴식을 취했고 말을 타고 안데스 산맥을 여행했으며 스페인 어도 어느 정도 습득했다. 사하는 재충전되었고 런던으로 돌아갈 준비가 되었다고 느꼈다.

그런데 1994년 말이 되면서 의식하지 못하는 사이에 내적으로 커다란 변화가 일어났다. 1993년을 혼돈된 감정과 의문으로 고민하고 다소 갈팡질팡하며 보냈지만 1994년 말에 이르자 상당 부분 안정을 찾을 수 있었다. 하지만 우리 둘은 삶에 대해 다른 생각을 하게 되었다. 이러한 변화는 아버지의 죽음이 아니었다면 결코 일어나지 않았을 것이다.

우리 둘은 휴직하는 동안 삶과 직업에서 각자 원하는 바를 명확하게 깨달을 수 있었다. 안락 지대를 벗어나서 개인적인 목표와 직업의 목표에 대해서 진정으로 숙고했던 것이 사업가의 길을 걷게 된 첫 단계였지만 당시에는 이 점을 거의 인식하지 못했다. 사실 사업을 시작한다는 것뿐만 아니라 함께 일하게 되리라는 생각은 한 번도 해 본 적이 없었다.

반드시 위기가 있어야 삶이 변화되는 것은 아니다. 현재에 만족할 수 없다면 언제든지 안락 지대를 벗어날 수 있다. 열쇠는 얼마만큼 곤경에 맞설 준비가 되어 있느냐이다. 논리적이고 이성적인 측면을 관장하는 좌뇌의 능력에 지나치게 의존하지 마라. 오히려 창의성과 직관이 존재하는 우뇌의 능력을 자극할 필요가 있다. 그래야 인생에서 원하는 것과 되고 싶은 것을 시각화할 수 있다.

이성적인 정신으로는 아무것도 발견하지 못했다.

— 앨버트 아인슈타인

제2장

내가 찾는 사업 아이디어
반짝이는 아이디어가 있는가? 없다면 찾아라!

사업가의 길을 가기로 결정했다면 이제 다음 단계로 넘어 가자. 자기 일을 하고 싶어서 안달이 난 것만으로는 미래의 성공을 보장받을 수 없다. 무엇보다도 앞으로 할 일에 대한 계획을 세워야 한다. 그렇다면 정확히 어떤 종류의 사업을 시작하고 싶은가?

아마도 닭과 달걀 중 어느 것이 먼저인지와 같은 딜레마에 부딪치게 될 것이다. 아이디어가 떠오른 다음에야 사업이 성립되는 것인가? 아니면 먼저 사업을 시작하기로 결심하고 나서 성공할 가능성이 큰 사업을 찾아보아야 하는가?

우리가 생각하기에는 사업의 추진력은 반짝이는 아이디어 자체일 수도 있고 단순히 사업가가 되려는 열망일 수도 있다. 그리고 사업은 두 가지 중 어느 방향으로도 시작할 수 있다.

사업의 핵심인 반짝이는 아이디어에 대해서 우리가 내린 정의는 이렇다. 아이디어는 '시장의 틈새를 채우는 요소'이고 그 아이디어를 성공적으로 실행에 옮길 수 있다고 열정적으로 믿게 될 때 사업은 활성화된다. 아주 단순한 개념이다. 단지 열정이 한껏 타올라서 내면의 사업가 정신을 끄집어 낼 수 있는 무엇인가를 발견하기만 하면 된다!

이미 자신만의 아이디어를 가지고 있든 아이디어를 찾아보기로 결정했든 간에 훌륭한 아이디어를 정의하는 법칙은 다음과 같다. 이 법칙은 우리가 경험을 통해서 습득한 것으로 사업을 시작하는 이에게 분명 도움이 될 것이다.

법칙 11: 아이디어가 꼭 새롭거나 독창적이거나 혁신적일 필요는 없다.

성공적인 사업가가 되려면 혁신적이거나 독창적인 아이디어가 있어야만 한다고 생각하는가? 그렇지 않다. 정말로 다행이다. 실제로 당신의 아이디어가 전적으로 새롭거나 완전히 실용적일 가능성은 사실 그다지 높지 않기 때문이다. 토머스 에디슨 같은 사람이 아니라면 그럴 가능성은 거의 없다고 보아야 한다.

대부분의 사업가는 다른 사람의 아이디어를 베끼거나 약간 수정해서 사업을 시작한다. 게다가 최초가 항상 최선은 아니다. 완전히 새로운 제품을 파는 것은 언제나 힘든 싸움이다. 이미 시장에 나와 있고 단순히 입증된 수요에 맞추기만 하는 것이 아니라 사업의 개념을 처음부터 수립해야 하고 시장을 조성해야 하기 때문이다. 시장을 조성하는 일은 정말 비용이 많이 드는 일이다.

물론 다른 사업체에서 판매하는 제품과 동일한 것을 판매하라는 의미는 아니다. 다른 사람이 이미 수행하고 있는 사업과 차별화하거나 더욱 개선하거나 더욱 저렴하게 사업을 수행하겠다는 각오를 다지고 이에 합당한 아이디어를 찾는 것이 사업 성공의 관건이다. 아이디어에는 자신의 제품을 시장에서 차별화시킬 수 있는 고유한 셀링 포인트가 있어야 한다.

법칙 12: 사업가는 발명가와 다르다는 점을 기억하라.

당신이 발명가가 아니라 사업가라는 사실을 항상 기억하라. 사업가는 아이디어를 내서 뭔가 만들어 낼 필요가 없다. 발명가는 새로운 것을 생각해 내는 창의적인 천재인 반면 사업가는 대부분 이미 나와 있는 아이디어에서 사업을 일구어 낸다.

발명가가 사업가로 변신하는 경우는 거의 없다. 사업가는 대부분 발명가가 거쳐 간 아이디어를 '탐색'할 뿐이다.

법칙 13: 스스로 사업의 첫 고객이 돼라.

사업 구상 단계에 확실하게 해야 할 점이 있다. '판매자'가 아닌 '고객'의 관점에서 사업 아이디어에 접근해야 한다는 것이다. 당신과 고객을 분리해서 생각하면 안 된다.

사업을 시작하면 자신을 판매자로 규정하고 고객과 구별지어 선을 긋는 실수를 범하기 쉬우며 종종 그런 충동을 느끼게 될 것이다. 그러나 이런 태도는 사업에 전혀 도움이 되지 않는다.

자신의 제품을 스스로 사고 싶다는 생각이 들지 않거나 일급 고객을 확보할 수 없다면 처음부터 사업을 추진하지 않는 편이 낫다. 그런 경우 아무리 많은 돈을 아이디어에 쏟아 붓고 마케팅에 공을 들인다 하더라도 제품은 팔리지 않을 것이다. 늘 당신 자신이 고객이 되었다고 생각하고 사업을 수행하라.

이 지침을 따른다면 사업을 추진하기가 훨씬 수월할 뿐만 아니라 고객 조사에 투입할 자금도 절약할 수 있다. 스스로 자기 제품을 구매할 생각이 든다면 같은 생각을 가진 다른 스무 명을 찾을 수 있을 테고 이런 식으로 제품은 보다 많이 판매될 것이다.

법칙 14: 아이디어에 접근할 때엔 돈을 생각하지 마라. 돈을 생각하면 아이디어가 떠오르지 않는다.

'어떻게 하면 돈을 벌 수 있을까?' 하는 생각은 아이디어에 접근하는 단계에서는 절대 하면 안 된다. 아이디어로 돈을 벌 수 있을지를 판단하는 것은 다음 단계의 일이다. 큰돈을 벌고 싶은 욕망 때문에 창의성이 방해받지 않도록 해야 한다. 훌륭한 아이디어를 가지고 있으면 돈을 벌 수 있지만 돈을 쫓아다녀서는 안 된다. 돈이 당신을 쫓아다니도록 하라.

실제로 많은 사람들이 그러긴 하지만 미래에 부를 축적하고자 하는 바람만 가지고 아이디어에 접근한다면 사업가는 될 수 없다. 오히려 서류에 편승하게 될 뿐인데 이는 다수의 사업가들이 빠져드는 함정이다.

시류에 편승하는 태도는 사업의 바탕이 될 신념이 없다는 데 문제가 있다. 이러한 태도로 사업을 시작하게 되면 추진력을 제대로 발휘할 수 없어서 기존의 사업체보다 더 나아질 수도 없고 시장의 틈새를 채울 수도 없다. 일시적인 시장의 흐름만 타게 될 뿐이다.

예를 들어 '제2의 프레타망제(Pret a Manger, 영국에서 급부상한 체인점으로 샌드위치와 커피 등을 판매한다.──옮긴이)'가 되겠다는 생각은 단순히 제품을 잘 팔겠다는 생각보다 흥미로울 것이다. 이런 식의 생각을 가진 소수의 사업체만 살아남는다. 대부분의 사업체는 시작하고 나서 채 일 년도 버티지 못한다. 열정이 아닌 탐욕에 바탕을 두기 때문이다.

최근 인터넷 사업의 급부상은 시류에 편승한 좋은 예이다. 인터넷 사업에 대한 아이디어 대부분은 단지 돈을 벌고자 하는 측면에만 뿌리를 두었다. 인터넷 사업가들은 인터넷을 신속하게 이익을 창출하는 좋은 수단으로 생각했을 뿐 시장의 필요를 채우기 위한 진정한 기회라고 생각하지는 않았다. 그릇된 각도로 사업에 접근했던 것이다. 인터넷 사업에서 살아남은 몇몇 사업체는 서적을 판매하는 아마존처럼 시장의 기회에 대한 진정한 생각과 열정에 바탕을 두고 형성된 사업체였다.

법칙 15: 사업 아이디어가 당신에게 적합해야 한다.

아이디어가 떠올랐을 때 첫 번째 심판관은 바로 당신이다. 자신의 의견을 진지하게 고려하라! 특히 사업 초기에는 사업 자체가 곧 연장이므로 사업을 자신의 성격에 맞추어야 한다. 예를 들어 사람과 어울리는 것을 좋아하지 않는다면 서비스 업종을 시작하지 마라. 책상에 앉아서 하는 일을 좋아하지 않는다면 사무실에 묶이는 사업을 시작하지 마라.

사업을 하고 싶은데 번쩍이는 아이디어가 떠오르지 않는다면 떠오를 때까지 계속 아이디어를 찾아야 한다. 좋아하는 일에 대해 끊임없이 생각하고 창의적인 상상력을 동원하라. 일, 쇼핑, 여행, 독서, 친구와의 수다 등 어떤 일에서도 아이디어를 얻을 수 있다.

브레인스토밍 시간을 가져 보는 것도 도움이 된다.

브레인스토밍

생산적인 브레인스토밍 시간을 갖는 데 도움이 될 만한 아이디어를 수록했다. 좋은 사업 아이디어를 찾겠다고 머리를 쥐어짜지 마라. 오히려 창의성을 억제할 수도 있다. 훌륭한 아이디어를 찾고자 한다면 당신의 우뇌(논리적인 측면에 반대되는 직관적이고 창의적인 측면)가 작용하도록 하는 것이 중요하다.

□ 서로 다른 배경과 관심사를 가진 친구 네댓 명을 모은다.

□ 아늑하고 편안한 분위기를 만든다. 음악을 틀어 놓는다.

□ 창의적인 활력이 넘치게 한다. 사업적인 분위기는 피한다.

□ 우스꽝스러운 듯한 아이디어라도 가볍게 여기지 않는다. 아이디어를 즐겨라!

아이디어를 발견하는 방법

□ **인생을 바쳐서 하고 싶은 일은 무엇인가?**

나에게 중요한 것은 무엇인가?

취미는 무엇인가?

즐겨 하는 일은 무엇인가?

하루 중 어느 때를 좋아하는가?

□ **익숙한 것을 개선할 방법이 있는가?**

직장이나 가정에서 내 삶에 변화를 가져다줄 수 있는 제품이나 서비스를 외국에서 본 적이 있는가?

나에게 중요한 제품이나 서비스를 전달하거나 생산하는 데 기존의 방법보다 더 나은 방법을 생각해 본 적이 있는가?

☐ **시장에 확실히 틈새가 있는가?**

내가 좋아하지만 시장에서 찾을 수 없는 제품이나 서비스가 있는가?

내 삶에 커다란 변화를 일으킬 수 있는 제품이나 서비스가 있는가?

☐ **활용할 수 있는 기술이나 전문 지식을 갖고 있는가?**

특별히 많이 알고 있는 제품이나 서비스가 있는가?

제품이나 서비스의 다른 판매 방법을 알고 있는가?

좀 더 잘 이용하고 싶은 기술을 가지고 있는가?

☐ **아이디어 단계에서 스스로에게 물으면 안 되는 질문**

어떻게 하면 돈을 빨리 벌 수 있는가?

사업가가 아이디어를 발견하는 방법

일부 신참 사업가에게 떠올랐던 여러 가지 영감의 사례를 살펴보자.

· 크리스마스 쇼핑을 너무 늦게 했다가 구입하려 했던 도구를 끝내 사지 못했다. 파생된 아이디어는 개젯 스토어(Gadget store, 각종 용품 전문점)

· 이동 전화를 소비자에게 직접 판매할 수 있는 시장 기회를 발견했다. 파생된 아이디어는 카폰 웨어하우스(Carphone Warehouse, 유럽 최대 휴대폰 소매업체)

· 안경점에서 새 안경을 맞추는 데 일주일을 기다려야 한다는 말을 듣고

아내가 난감해 했다.

파생된 아이디어는 비전 익스프레스(Vision Express, 한 시간 안에 안경을 맞춰 주는 안경 브랜드)

· 향수와 로션을 제조하려는 열망을 가졌다.

파생된 아이디어는 조 말론(Jo Malone, 향수와 스킨케어 라인으로 유명한 브랜드)

위에서 제시한 사업은 각각 실제 상황에 뿌리를 두고 있다. 아이디어가 의도적으로 고안되지 않고 사업가의 머릿속에 자연스럽게 떠오른 것이다. 이는 사업가가 기회에 민감했기 때문이다. 기회에 민감하면 아이디어가 떠오른다.

우리의 이야기
어떻게 아이디어를 갖게 되었는가?

1994년 11월 4일

다시 우리의 이야기로 돌아가자. 사하는 다니던 법률 사무소에 사직서를 내고 여행을 다녀왔다. 돌아와서는 다시 자신에게 맞지 않을 사내 변호사 자리를 물색했지만 별 소득을 거두지 못하고 있었다.

보비는 휴직 기간이 끝난 뒤에도 리먼브러더스로 복직하지 않기로 결정하고 자기 사업을 시작하기 위한 가능성을 물색하고 있었다.

우리 둘 다 넓은 바다의 한복판에서 갈 방향을 정하지 못하고 있었다. 눈을 부릅뜨고 보아도 해안은 보이지 않았다. 마음 저 깊은 곳에서는 경고 벨이 울리기 시작했다. 도대체 무엇을 해야 하는가?

'반짝이는 아이디어'가 떠오른 날

직업을 구하러 다니다 완전히 실의에 빠져 있던 사하는 1994년 11월 저녁 카페 로열로 향했다. 법률 분야의 스카우트 담당 회사에서 개최한 세미나에 참석하기 위해서였다. 이러한 행사에 스스로 참석하려고 할 때는 어느 정도 절망적인 상황이기 마련이다. 모두가 취업을 할 목적으로 말쑥하게 정장을 차려입고 있었다. 또한 남보다 두드러져 보이기 위해 무리에 묻히지 않으려 애썼고 완벽한 대답을 해야 한다는 강박관념에 사로잡혀 있었다. 확실한 이유도 없이 모두가 같은 자리를 놓고 경쟁하고 있었다.

세미나에 참석하기 전부터 느꼈던 사하의 절망감은 세미나가 끝날 무렵 더욱 깊어졌다. 정신적으로 안정을 찾기 위한 여행을 다녀온 후로 자신이 기업 환경에 맞지 않는다는 점을 더 깊이 깨달았다. 게다가 주위를 아무리 둘러봐도 자신이 진정으로 원했던 미래의 모습을 찾을 수 없었다.

보비는 사하가 세미나를 마칠 때쯤 와서 사하를 데리고 킹 거리 인근에 있는 '부사봉'이라는 식당에서 어머니와 함께 타이 음식을 먹기로 했다. 사하는 완전히 풀이 죽은 채로 자동차에 다가왔다. 그런데 자동차 문에 다다랐을 때 사하는 보비에게서 끓어오르는 긍정적인 에너지를 느낄 수 있었다. 보비의 얼굴은 빛이 나고 있었다. 보비는 사업 아이디어에 사로잡혀 있었다. 사하는 그 아이디어의 실체를 알 수 없었지만 보비의 정신이 온통 아이디어를 끌어내는 데 몰입해 있음을 알 수 있었다.

아르헨티나에서 돌아오는 길에 사하는 뉴욕에 몇 주 머물렀다. 사하는 아침마다 일찍 일어나서 매디슨 가와 44번가가 만나는 곳에 있는 뉴월드 커피라는 커피 전문점에 들르곤 했다.

사하는 뉴월드 커피의 특선인 저칼로리 카푸치노와 무지방 당근 머핀을 맛보았다. 이런 메뉴는 당시에 매우 새로운 것이었다. 또한 그곳에서 체험하는 모든 것이 북적이는 일상에서 누릴 수 있는 작은 호사처럼 여겨졌다.

사하는 뉴욕에서 돌아오자마자 보비에게 뉴욕의 커피 전문점에 완전히 매료되었다고 열변을 토했다. 벌써부터 그곳이 그립다며 런던에도 그런 커피 전문점이 있었으면 정말 좋겠다는 말도 덧붙였다. 물론 사하는 단지 고객의 입장이었을 뿐이었다.

사하가 커피 전문점에 대해서 열변을 토하고 있을 때 보비는 리먼브러더스에 근무할 당시 한 동료가 미국 커피 체인 사업 설명서를 책상 위에 올려놓았던 기억을 떠올렸다. 당시 미국에서는 커피 열풍이 세차게 불고 있었다.

무의식중에 커피 전문점 사업에 대해 생각하고 있던 보비는 몇 군데 회의에 참석하러 돌아다니던 날, 런던 어디에도 잠깐 들러서 맛있는 커피를 마실 수 있는 곳이 없다는 사실을 깨닫고 적잖이 놀랐다. 사하가 예전에 자신에게 했던 말이 떠올랐다. 사하의 말이 맞았던 것이다!

보비의 아이디어는 이렇게 탄생했다. 머릿속에 떠오른 아이디어가 꼬리에 꼬리를 물어서 사업 수립의 첫 번째 단계가 거의 무의식적으로 진행되었다. 보비는 사하와 함께 런던에서 미국식 커피 전문 체인점을 시작하기로 결심했다. 그러나 사하는 보비가 자신을 사업에 끌어들이려 하자 격렬하게 반대했다.

"왜 나랑 사업을 의논하자는 거야? 난 사업에 아무 흥미도 없다고! 난 그저 손님 입장에서 커피 전문점을 좋아한다고 했을 뿐이라니까."

사하는 그토록 힘들게 이룬 변호사라는 직업을 포기하고 커피 전문점 사업에 뛰어들어야 한다고 생각하자 엄청난 불안을 느꼈다.

그러자 보비는 사하에게 보수를 받고 딱 일주일 동안만 사업 아이디어에 대해 조사하고 나서 함께 아이디어를 추진할지 그만둘지 결정하라고 제안했다. 일주일 동안 기죽이는 취업 면접을 보러 다

널지 프라다 코트를 살 수 있을 정도의 보수를 받을지 저울질한 끝에 사하는 보비의 제안을 받아들였다.

다음 날 아침 사하는 켄싱턴 지하철역까지 걸어가서 일일 통행권을 끊고 서클 라인(런던 중심부를 도는 지하철 노선 ─ 옮긴이)의 스물일곱 정거장마다 내려서 주변을 둘러보았다. 사하는 각 지하철역 반경 두 블록을 돌아보면서 통근하는 사람들이 커피를 마실 수 있는 곳을 조사했다. 사하는 자신이 알게 된 사실에 여러모로 흡족했다. 커피의 맛은 끔찍했지만 커피에 대한 수요는 분명히 컸다. 커피를 사려는 줄이 샌드위치 점에도, 패스트푸드 점에도, 매점에도 늘어서 있었다. 그런데 일단 커피가 담긴 컵을 받아 보면 커피는 갈색 곤죽에다가 조잡한 컵에 뚜껑은 제대로 닫히지도 않았다.(이제 이런 일이 옛 일이 된 것에 정말 감사하지 않을 수 없다.)

사하는 변호사 생활을 하는 동안 아침에 마시던 카푸치노가 얼마나 중요한 역할을 했는지 기억해 냈다. 또 커피 맛이 그토록 끔찍했던 이유는 상점마다 커피보다는 다른 제품에 주력했기 때문이라는 생각도 하게 됐다. 샌드위치 전문점은 계란 샌드위치를 잘 만드는 데 온통 신경을 썼고 커피 판매는 부수적인 것으로 취급했다. 그 와중에도 분명한 것은 커피가 상당량 판매되고 있었다는 사실이다.

사하는 그날 믿기지 않을 정도로 강렬한 느낌을 받았다. 또한 다른 제품이 아니라 고품질의 커피만을 원하는 대규모 틈새시장이 있다는 점을 깨달았다. 이렇게 해서 사하도 사업적인 눈을 뜨게 되었다. 런던에 없는 뉴욕식 커피를 제공한다면 런던 시민의 커피 체험의 질을 엄청나게 향상시킬 수 있을 것이었다. 이는 보비의 아이디어이기도 했다. 사하가 사업에 동참하기로 결정하면서 '커피 리퍼블릭(Coffee Republic)'이 탄생했다.

팩스: 1994년 11월 5일 밤 10시

보비에게

오늘 서클 라인을 돌아보면서 목격한 장면은 믿기 어려울 정도야. 사실 변호사로 근무할 때 밖에서 커피를 사는 일이 얼마나 끔찍했었는지 잊고 지냈어. 런던에는 뉴욕식 에스프레소 전문점이 정말 필요해! 현재의 커피 판매 상황을 나름대로 정리해 봤어.

· 지하철역을 나와서 사무실로 가는 길에 접어든다.
   우리가 익히 알고 있는 런던의 아침은 춥고 우중충하다. 뼛속까지 한기가 엄습할 뿐만 아니라 아직 잠에서 완전히 깨어나지 못했다. 또 하루를 어떻게 버텨야 할지 막막하다. 정말 커피가 필요한 순간이다.

· 선택의 여지가 없기 때문에 할 수 없이 별다를 바 없는 근처 샌드위치 전문점에 들어간다. 벽과 바닥의 리놀륨에 묻어 있는 기름 얼룩과 때에서 평온과 휴식을 찾을 수만 있다면 샌드위치 가게야말로 천국이라고 할 수 있겠지만……

· 길게 늘어선 줄에 서서 직원이 이리저리 움직이며 일하는 모습을 지켜본다. 직원은 분주하게 샌드위치를 만들고 있다.

· 커피를 사려고 줄을 서 있는 동안 손님들은 샌드위치 가게에 진열된 음식을 바라본다. 현대 전위 예술가조차도 흉내 낼 수 없을 지경이

다. 줄줄이 늘어서 있는 플라스틱 통에는 굳은 게살 마요네즈, 참치 마요네즈, 계란 마요네즈 등이 들어 있다. 또한 예전에는 로스트 비프 비슷한 음식도 진열되어 있는데 적어도 1980년대에는 이렇듯 형편없진 않았다. 재료를 자주 뒤적여 주지 않아서 재료의 표면이 꾸덕꾸덕 말라 있다. 아침 8시에 보기에 그다지 유쾌한 장면은 아니다.

· 샌드위치 만드는 사람은 맨손으로(위생 관념이 없다!) 돈을 받는다. 그러고는 한쪽에서 카푸치노를 만든다. 그 사람이 화장실에 다녀온 후에 손을 씻지 않았을까 봐 걱정해야 할지 음식을 만지고 나서 손을 씻지 않았을까 걱정해야 할지 판단이 서지 않을 지경이다! 어느 쪽에서건 병균이 옮을 것 같다.

· 커피라고 부르기는 정말 싫지만 어쨌든 뜨거운 커피가 담긴 폴리스티렌 컵을 받아 쥐면 컵은 손안에서 힘없이 구겨진다. 뚜껑은 평평한 플라스틱에 작은 구멍이 조악하게 뚫려 있고 두 사이즈나 작은 신발처럼 컵과 잘 맞지 않는다. 커피를 든 채 걸어가야 한다면 흐르는 커피에 손을 델 각오를 해야 한다.

· 요약해 보면 런던에서 아침에 커피를 마시는 일은 그다지 유쾌한 일이 아니다. 사람들 틈에서 부대끼는 것이 싫고 위생 상태가 의심스럽다. 정말 커피를 마셔야 할 이유가 없다면 말이다. 직장에 도착할 때쯤이면 벌써부터 그날 하루가 지긋지긋하게 느껴질 것이다.

이번에는 우리가 시도할 새로운 형식의 커피 전문점의 모습을 그려 볼게.

· 숨 막힐 듯 혼잡한 지하철역을 나온다.

· 커피 체험의 질을 높이도록 눈에 띄게 설계된 매장에 들어간다. 분위기가 편안하고 따뜻해서 고객이 많아도 매장에 들어오고 싶은 생각이 들고 일단 들어오면 친절한 서비스를 받는다.

· 줄을 서 있는 동안 마음을 편안하게 해 주는 음악을 들을 수 있다. 진열된 여러 종류의 맛있는 커피를 보면서 마셔 보고 싶은 마음이 든다.

· 잘 훈련받고 유니폼을 갖춰 입은 '바리스타(카푸치노 만드는 사람)'가 커피를 만든다. 이때 우유의 첨가 정도, 커피의 농도, 카페인의 양, 온음료인지 냉음료인지 등 고객의 개별적인 요구를 반영한다.

· 커피를 주문해서 가져갈 때는 특별히 디자인 되고 로고가 새겨진 견고한 컵에 담아 준다. 카푸치노의 거품이 없어지지 않도록 뚜껑은 돔 형이다. 커피의 맛을 완성시키기 위한 네 가지 토핑이 있고 취향에 따라 토핑을 선택할 수 있다.

이쯤 되면 누구나 구미가 당기지 않을까? 누구든 좋아하지 않을까? 미국에서는 평범한 상품을 호사품으로 바꾸어 놓았어. 여느 호사품이 아니라 매일매일 출퇴근길의 일부분이 될 수 있는 호사품으로 말이야.

달리 표현한다면 하루 중에서 가장 많이 긴장하게 되는 시간에 행복을 가져다주는 제품으로 만든 것이지. 광고 문구도 생각해 봤어.

매일매일 반복되는 일상으로부터의 휴식
당신의 하루하루를 업그레이드하세요.
부담 없는 가격으로 삶에서 작은 사치를!
자신을 대접하세요.

모든 게 흥미롭게 느껴져. 사업 방향을 제대로 잡고 있다는 생각이 들어!

사하로부터

이것이 우리의 이야기이다. 이를 바탕으로 파악할 수 있는 사항을 정리해 보자.

· 우리의 아이디어는 새롭지도 독창적이지도 혁명적이지도 않았다.
· 우리 자신이 우리 사업의 첫 번째 고객이었다.
· 우리는 틈새시장을 보았다.
· 우리는 특별한 기술이나 사업 경험이 없었다.

하지만 우리는 반짝이는 아이디어를 발견했다. 거의 자연적인 본능에 가까운 것이었지만 원래 반짝이는 아이디어의 속성이 그렇다. 사업에 대해서 이야기한 첫날, 제대로 된 아이디어라고 느꼈고 다음 날 아침에도 그 느낌은 여전했다. 약간의 조사를 하고 난 다음 날 저녁 무렵에는 그 느낌이 더욱 강해졌다. 정말로 훌륭한 아이디어라는 사실을 깨닫게 되었다.

모든 것은 과거, 현재, 미래의 어느 시점에서든 사람의 마음에 깃든 아이디어에서 시작된다.

──**월리 아모스, 아몬스 제과 창업자**

이제 다음에는 무엇을 해야 할까?

제3장

직접 시장 조사하는 법
시장 조사가 아이디어를 사업으로 전환한다

사업을 시작할 만한 좋은 아이디어가 떠올랐고 아이디어에 대한 확신을 갖고 있다고 가정하자. 그러나 현실적으로 이 단계는 사업의 여정에서 기껏해야 0.01퍼센트 정도의 비중을 차지할 뿐이다. 많은 이들이 인생의 어느 시점에서 자신만의 사업을 시작하는 꿈을 꾸지만 꿈을 구체적인 현실로 전환시킬 수 있는 사람은 극소수에 불과하다. 편안하게 상상력을 발휘하는 단계를 벗어나서 현실 세계로 진입하기 위한 '아이디어 단계'에 이르면 꿈이 멈춰 버리기 때문이다.

사업을 시작하겠다고 말하는 사람 모두가 실제로 그렇게 한다면 사업에 종사하지 않을 사람은 아무도 없을 것이다. 그러나 대부분의 사람들은 사업은 시작하지 않고 환상만 간직한다.

— 마크 매코믹, 『하버드 경영대학원에서 배울 수 없는 것』의 저자

법칙 16: 실천하지 않는 아이디어는 가치가 없다.

커피 리퍼블릭을 시작한 후 수많은 사람들이 자신도 같은 아이디어를 가지고 있었다고 말했다. 심지어는 우리보다 더 일찍부터 아이디어를 갖고 있던 경우도 많았다. 그들 역시 미국에 다녀온 적이 있었고 우리를 사로잡은 커피 전문점 체험에 감동했다. 그들 역시 영국에 돌아와서는 비슷한 사업을 시작하면 좋겠다는 생각을 하기도 했다. 그중 많은 사람들은 기술과 경험의 측면에서 볼 때 우리보다 더 좋은 환경에서 아이디어를 추구할 수도 있었다. 그러나 그들은 시도하지 않았다.

새로운 아이디어는 깨지기 쉽다. 타인의 비웃음이나 하품 정도에 무산될 수도 있다. 농담 한마디에도 상처받을 수 있고 관계도 없는 사람이 이마를 찌푸리기만 해도 걱정이 앞서 의기소침해질 수 있다.

——**찰스 브로더스**

사업가를 구별하는 기준은 매우 간단하다. 다른 사람이 꿈만 꾸는 동안 사업가는 훌륭한 아이디어가 결실을 맺을 미래까지 바라본다. 대부분의 사람들은 조사 전화 몇 통을 돌리다가 이른바 '전문가'에게서 사기가 꺾이는 몇 마디를 듣고 나면 아이디어를 사장시킨다. 그러나 사업가는 포기하지 않는다. 자신의 본능에만 의존해서 일을 추진해야 할 때라도 말이다. 사업가는 자신의 꿈을 위해 계속해서 열심히 뛴다. 사업가의 마음가짐은 이렇다.

"나는 경험도 없고 특별한 기술이나 자금도 없다. 어떻게 해야 할지 구체적인 방법도 아직 모른다. 하지만 계속할 것이다."

아마도 과거 어느 순간에 이와 유사한 상황에 처했던 경험이 있을 것이다. 어째서 그때 일을 추진하지 않았던가? 스스로 능력을 의심했던가? 결정적 시기에 다다랐을 때 아이디어에 사업성이 결여되었다고 느꼈던가? 아니면 사업에 좀 더 적합한 누군가에게 패배할 것이라고 생각했던가? 당신은 사업에 적합한 인물이 아니라고 지인들이 설득했을지도 모른다. 사하 또한 커피 리퍼블릭을 시작할 당시 한 친구가 극구 만류했던 기억이 있다.

"도대체 매달 직원에게 월급을 주어야 하는 책임이 어떤 것인지 알기나 하니?"

사하는 알지 못했지만 어쨌든 시도했다. 헌신과 머뭇거림, 이 차이가 사업가를 결정한다. 사업가는 사업에 헌신하지만 사업가가 아닌 사람들은 행동하지 않는다.

법칙 17: 사업가는 머뭇거리지 않는다.

사업가는 아이디어에 대해 생각하면서 "실패 확률이 성공 확률보다 높은가요?"라는 질문을 던지지 않는다. 친구가 의문을 제기했을 때 사하가 의심하지 않았던 것과 같은 이치이다. 사업가의 마음가짐은 이렇다.

"나는 이 아이디어에 헌신한다. 지금은 완전히 성숙하지 않았고 논리도 부족하다는 점을 인정한다. 그러나 나는 시도할 것이다. '만약'이 아니라 '어떻게'가 문제일 뿐이다."

머뭇거리면 아이디어를 놓칠 수 있다. 극복하는 비결은 매우 간단하다. 바로 '헌신'이다. 그러나 단지 추상적인 아이디어만 가지고 있다면 어떻게 사업을 추진할 수 있겠는가? 단 하루도 실행해 본 적이 없는 일에 계속 헌신하려면 어떻게 해야 하는가?

법칙 18: 헌신은 아이디어를 실행하면서 발생한다.

헌신은 신비한 공식이 아니기 때문에 누구나 할 수 있다. 헌신은 아이디어를 실행에 옮기기 시작하면서 우리 내부에 쌓여 간다. 누구나 다 헌신할 수 있다. 하지만 아이디어가 있다고 해서 손쉽게 헌신할 수 있는 것은 아니다. 머뭇거리지 않고 실질적으로 아이디어를 추구해야 한다. 아이디어를 방치한다면 헌신하는 것은 불가능하다. 아이디어를 실행에 옮길 때 쏟는 노력만큼 헌신의 폭은 매일매일 넓어진다.

그러므로 아이디어가 있다면 당장 실행에 옮겨라. 초기에는 헌신의 정도가 약할지 모르지만 발가락을 물에 담그자마자 상황은 달라질 것이다. 제대로 된 방향으로 사업을 진행시키고 있는지 저절로 파악하게 될 것이다. 찾고 있던 정보가 속속 입수될 것이고 정보 습득 정도에 따라서 헌신은 커져 간다. 헌신의 느낌이 사그라들더라도 걱정하지 마라! 아이디어가 모두 옳을 수는 없으며 포기하지 않고 행동하는 것 자체가 여전히 사업가다운 방식이기 때문이다. 또다시 다른 아이디어가 떠오를 것이다. 행운이 따른다면 자신이 올바른 방향으로 가고 있다고 확신하게 되면서 내면에서 극적인 전환을 경험하게 될 것이다. 헌신은 서서히 고양되다가 급기야는 불타는 듯한 각오로 발전한다. 그렇게만 된다면 그 어떤 것도 목표 달성의 장애물이 될 수 없다!

우리의 이야기

어떻게 헌신할 수 있었는가?

이에 대한 해답을 찾기 위해서 앞서 언급했던 킹 거리의 타이 음식점으로 돌아가 보자. 우리에게 결정적으로 중요한 저녁이었을 뿐만 아니라 삶의 의미를 찾는 순간이었다. 커피 리퍼블릭 사업의 핵심은 그날 저녁 주고받았던 아이디어를 망설이지 않고 실행에 옮겼다는 데 있다.

저녁 식사를 하면서 아이디어에 대해 대화를 나눈 후 우리는 "나중에 다시 이야기해 보자."라든가 "가까운 장래에 조용히 조사해 보고 결과가 어떨지 한번 알아보자."라는 식으로 결론을 맺지 않았다. 대신 사하는 스스로 커피 시장을 점검해 보았다. '런던에 맛있는 커피를 파는 곳이 부족하다는 판단이 맞는 것일까?' 사하는 이 의문에 대한 대답을 스스로 찾아보기로 했던 것이다.

전날 저녁 보비와 대화를 나누면서 사업에 대한 열정을 품게 된 사하는 다음 날 아침 집에서 가장 가까운 지하철역으로 향했다. 커피 전문점에 대한 아이디어를 실행에 옮기기 위해 첫 번째 구체적인 단계를 밟기 위해서였다. 이 조사의 정확한 목적은 기존 시장의 틈새를 입증하려는 것이었지만 이것이 가장 중요한 핵심은 아니었다.

> **핵심은 바로 우리가 행동했다는 점이었다.**

우리는 조금도 지체하지 않고 아이디어를 한 단계 진척시켜 세상의 빛을 보게 했다. 실행에 옮기자 아이디어는 더 이상 상상 속에 머물지 않고 궁극적으로 사업을 탄생시키는 모태가 되었다.

아이디어는 정적인 상태에서 시작되기 때문에 물리적으로 가동시켜야만 한다. 여기서부터는 추진력의 문제이다. 추진력은 아무리 사소한 단계라도 한 단계씩 앞으로 내딛을 때마다 구축된다. 작은 단계가 결합되면 큰 힘을 이룰 수 있다. 그러나 행동하지 않고 사업의 구체적인 단계를 전혀 밟지 않는다면 사업 아이디어는 결코 세상의 빛을 볼 수 없다.

음식점에서 대화를 나눈 후 사하가 런던 주변을 돌아다니기까지 열두 시간 남짓한 시간 동안 아이디어가 실제적인 단계를 거치면서 우리는 힘을 갖게 되었다. 아이디어가 현실 세계로 진입할 기회가 기하급수적으로 증가한 것이다. 우리는 그때 이미 헌신의 사다리를 밟기 시작했던 것이다.

다음과 같은 대화를 나누어 본 적이 있는가?

당신 | "멋진 사업 아이디어가 있어."

친구1 | "정말? 하지만 주의해야 돼."

친구2 | "맞아. 나도 예전에 비슷한 일을 시도했는데 실패했어. 나한테 맞지 않았거든."

친구3 | "글쎄, 아이디어는 좋은걸. 듣기 싫을지 모르지만 충고를 한마디 할게……."

당신 ㅣ "으음, 좀 더 신중하게 생각해야 한다고는 생각했지만 좋은 아이
　　　 디어 같았는데."

친구1 ㅣ "한번 해 봐. 하지만 이 점만은 명심해. 결코 쉽지 않을 것이고
　　　 실패할 확률도 커."

당신 ㅣ "하긴 그냥 아이디어에 불과한걸. 다른 얘기나 하자."

　어디서 많이 들어 본 이야기 아닌가?

　일단 헌신하면 어떤 일에도 마음이 흔들리지 않는다. 앞으로 맞
닥뜨릴 장애물, 거절, 의심의 지뢰밭을 가로지를 수 있는 깊은 열
정과 확신이 있기 때문이다. 모험에 대한 의심이나 두려움이나 불
안이 전혀 없다는 뜻이 아니다. 설사 그러한 느낌이 든다 해도 포
기하지 않게 된다는 의미다. 온갖 의심이 들고 부정적인 말을 들
어도 결국 이를 극복하고 계속 일을 추진하게 될 것이다. 일에 몰
두하면 모든 의심과 불확실성이 저편으로 밀려나거나 사라져 버린
다는 사실을 깨닫게 될 것이다.

> **그러므로 최선의 충고는 "즉시 행동을 시작하라!"이다.**

　아이디어가 있고 목표 달성을 위한 실질적인 첫 단계를 밟았다
고 하자. 사하가 서클 라인을 돌아다녔던 것처럼 말이다. 그러나
좀 더 전진해야 한다. 지금은 행동을 취하기는 했으나 궁극적인
목적지는 여전히 멀게만 느껴지는 단계이다. 그렇다면 다음에는
무엇을 해야 하는가? 헌신의 사다리에서 다음 단계는 어떻게 내딛
어야 하는가?

다음 단계는 바로 '시장 조사'이다.

법칙 19: 시장 조사는 바로
막대한 양의 사실을 발견하는 작업이다.

매우 간단한 논리이다. 지금까지는 자신의 내부에서 들려오는 목소리를 들었다. 이번에는 다른 사람의 목소리에 귀 기울일 차례다. 육감을 바탕으로 사실과 숫자를 가지고 아이디어에 대한 확신을 가지게 될 단계이다. 이때 신념이 확고해져야 나중에 자신의 아이디어를 다른 사람에게 설득할 수 있다.

시장 조사의 법칙은 간단하다. 될 수 있는 대로 다양한 경로를 통해서 사업에 관련된 많은 사실을 알아내라. 사업에 살고 사업과 잠자고 사업을 호흡하라. 이 단계에서 우리가 배웠던 요긴한 교훈을 몇 가지 소개해 본다.

법칙 20: 줄루 원칙(Zulu Principle)을 따르라.

1970년대 기업 인수의 귀재였던 짐 슬레이터가 주창한 줄루 원칙(아프리카 부족에 대해 해박한 지식을 가졌던 아내의 도움을 받아서 줄루 원칙이라 명명했다.)에 따르면 완전히 집중하기만 한다면 누구든지 어떤 일에서든 전문가가 될 수 있다고 한다. 슬레이터의 아내는 잡지에 난 기사를 읽을 때까지 아무런 사전 지식도 없었지만 결국 줄루 족에 관한 전문가가 되었다.

우리는 커피 사업에 관한 한 전문가가 되기로 작정했다. 커피와 커피 사업에 대해서 배울 수 있는 것이라면 무엇이든지 배우기로 결심했다. 직업이 변호사였든 투자 전문 은행가였든 관계없는 일이었다. 커피의 세계에 몰입하고 싶었고 될 수 있는 대로 빨리 그 분야에서 전문가가 되고 싶었다.

믿기지 않을 정도로 단순하게 들리지만 사실 커피 전문가가 되기 위해 우리가 했던 일은 바로 시장 조사였다. 커피에 관한 책이라면 무엇이든지 읽었다. 우리끼리 혹은 커피에 관심이 있어서 의견을 나누고 싶어 하는 사람과 기회가 닿을 때마다 이야기했다. 가능하다면 언제 어디서고 커피를 마셨다. 또 사업에 관한 잡지 기사를 읽거나 빈 소매점 자리가 났다는 소식을 듣거나 소매상을 위한 광고를 보는 등 관련된 일을 접하게 되면 이를 우리 사업에 적용해 보고 어떤 효과가 있을 수 있는지 파악하려고 했다. 그 결과 평범하고 사소하지만 예전에는 결코 볼 수 없었던 점들을 알아낼 수 있었다.

우리 주위에 있는 모든 것이 아이디어를 펼칠 수 있는 기회가 되었다. 또한 예상한 것보다 훨씬 단기간에 수년 동안 커피 사업에 종사해 온 사람들 이상으로 커피에 대해서 많이 알게 되었다. 우리는 커피 세계의 진정한 줄루 족이었다!

법칙 21: 시장 조사는 직접 하라!

앞서 말했던 대로 시장 조사는 다른 사람의 이야기에 귀 기울이는 것이다. 이때 주의할 점은 다른 사람이 아닌 바로 당신 자신의 귀로 들어야 한다는 점이다. 동기를 부여하고 결단력을 발휘하고 주도면밀하게 사업을 추진하기 위해서는 자신의 귀보다 나은 도구는 없다. 연구원을 고용한다 해도 당신만큼 도전 의욕을 갖거나 정보를 흡수하지는 못할 것이다. 일류 연구 기관을 통한다면 각종 정보와 숫자로 가득 찬 겉이 번지르르한 보고서를 볼 수도 있겠지만 시장 조사는 반드시 직접 해야 한다. 그래야 정보와 숫자의 이면에 숨어 있는 의미를 파악할 수 있다.

또한 직접 시장 조사를 하게 되면 예상치 못하게 진정한 영감을 얻는 체험을 하게 될 수도 있다. 열정을 마음에 품고 있지 않은 전문가가 놓칠 수도 있는 작은 사항들을 발견해서 아이디어를 더욱 개선하고 보완할 수 있게 된다. 아이디어를 항상 가까이 두고 손발을 부지런히 움직이면 그만큼 많이 얻을 것이다.

법칙 22: 영감은 주위에 널려 있다.

아이디어에 몰두할수록 더 많은 영감을 받게 될 것이다. 아이디어가 당신을 쫓아오게 되는 것이다. 사업에 헌신하면서 전에는 결코 보지 못했던 사항에 관심을 갖게 될 것이다.

시장 조사를 하다 보면 실질적으로 창의적인 측면이 고양된다는 점은 상당히 흥미롭다. 배운 사항을 곰곰이 생각해서 자유로운 생각과 잘 결합하면 새로운 아이디어를 배양할 수 있는 기름진 토양을 만들게 된다. 영감 어린 사고에 사실과 숫자를 결합하면 꿈이 마음속에서 형태를 갖추게 된다.

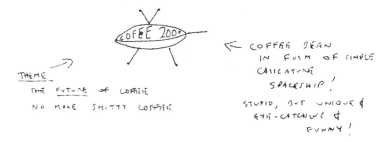

좌) 주제: 커피의 미래, 형편없는 커피는 이제 그만!

우) 특징을 잡아 단순하게 묘사한 커피 원두 우주선 로고
   우스꽝스럽다. 하지만 독특하면서 사람의 눈길을 끈다. 재미있다!

조사할 내용

다음 네 가지 주요 영역에 대해서 조사해야 한다.

· **시장**: 앞으로 종사하게 될 산업계를 연구하고 자신의 사업이 어떻게 접목될 수 있을지 연구한다. 맞닥뜨릴 시장의 크기는 어떠한가, 즉 어느 정도의 기회를 가질 수 있는가? 해당 업계의 경향은 어떠한가? 해당 업계에서는 누가 주도적인 역할을 담당하고 있는가? 누가 어떤 업체를 소유하고 있는가? 이 업계에 영향을 미칠 수 있는 문제는 무엇인가? 자신의 사업체 위치는 어디쯤으로 짐작하는가? 어느 정도의 시장 점유율을 달성하고자 하는가?

· **고객**: 당신의 고객은 누구인가? 공통된 특징이 있는가? 그들의 구매 습관은 무엇인가? 구매하는 이유, 시기(회사에서, 집에서, 휴일에), 빈도(일 년에 한 번, 매일 등)는 어떠한가? 구매 동기는

무엇인가(편리성, 품질, 체험 등)? 기존 시장에서 현재 형성되어 있는 가격 외에 고객이 기꺼이 지불하고자 하는 가격과 당신이 원하는 가격은 얼마인가? 그렇다면 그 가격을 어떻게 맞출 수 있는 가? 당신 사업은 고객의 마음을 사로잡을 수 있는 독특한 특성을 가지고 있는가? 고객에게 추가적인 이익을 제시할 수 있는가?

· **경쟁**: 경쟁자는 누구인가? 경쟁자의 시장 점유율과 제안(가격, 포지셔닝 등)은 무엇인가? 경쟁자의 사업 수행 능력은 어떠한 가? 당신의 사업을 경쟁자의 사업과 어떻게 차별화할 수 있는가? 제품 가격을 어떻게 설정할 것인가? 미래의 경쟁자는 누구인가?

· **공급 업자**: 공급 업자는 누구인가? 공급하는 물품은 무엇인가? 가격은 어떠한가? 당신이 필요로 하는 물품을 공급하고 있는가?

실제로 어떻게 조사해야 하는가?

앞으로 하고자 하는 사업에 대해서 무엇이든 알아야 한다. 그러므로 특정한 주제에 조사를 집중해 조직적으로 시장 조사를 수행할 필요가 있다. 우리는 다음과 같은 방법으로 효과를 보았다.

탁상 조사

그다지 흥미롭지 않은 작업처럼 들릴 것이다. 그러나 탁상 조사는 많은 점에서 사업 여정의 훌륭한 출발점이다. 좀 더 개별적인 조사를 하기 위해서 거리로 나서기 전에 확실한 지식을 습득할 수 있는 토대가 된다. 또한 필요한 통계 자료와 확실한 사실을 수집할 수 있다. 탁상 조사의 목표는 단순하다. 사업과 관련하여 여태껏 출판된 모든 자료를 훑어보는 것이다. 알아야 할 사항이 있다면 모두 알고 있어야 하지 않겠는가!

부담스러운 과제처럼 느껴질 수 있지만 과제를 수행하는 것보다는 훨씬 재미있으며 갈수록 정보에 무척 목마르게 될 것이다.

탁상 조사의 첫 번째 기항지는 지역 내의 산업 관련 도서관이어야 한다. 도서관 직원으로부터 필요한 정보의 입수에 도움을 받을 수도 있다. 도서관에는 다음과 같은 자료가 소장되어 있을 것이다.

· 주소 성명록
· 시장 보고서(자비로 구매하려면 상당한 비용이 들 수 있다.)
· 정기 간행물
· 신문
· 여러 회사의 사업 보고서와 기타 정보
· 정부에 관련된 정보
· 무역 정보와 무역 관련 출판물

당신 사업과 관련된 무역 협회가 있다면 반드시 접촉해야 한다. 이러한 협회는 대부분 자체 내에 도서관이 있고 사업에 도움이 될 만한 출판물을 소장하고 있으며 보통 무상으로 이용할 수 있다.

공공 도서관에 가면 무역 잡지를 볼 수 있지만 여의치 않다면 관련 분야의 잡지를 찾아서 정기 구독하는 것이 좋다. 또 잡지의 광고란을 훑어보면 필요한 공급 업자 명단을 찾을 수도 있을 것이다.

신문, 잡지 등에서 오려 낸 기사를 스크랩하라. 시작하고자 하는 사업과 관련이 있는 기사를 신문이나 잡지 등에서 오려 내 보관하라. 당신의 사업 분야에 속한 구체적인 기사일 수도 있고, 경제 상황이나 사업 주제 등에 대한 일반 기사일 수도 있다.

우리가 시장 조사를 할 당시에는 인터넷 활용도가 낮았지만 요즘은 인터넷이 귀중한 정보 출처이다. 특히 도서관에서 조사하여 사업의 실마리를 잡은 후에는 더욱 그렇다.

발로 뛰어라!

이는 가장 효과적인 조사 방법이다. 전화하고 사람을 만나고 경쟁 업체를 찾아가고 기타 소매 업체를 관찰하라. 짤막한 전화 한 통화, 간단한 잡담 몇 마디, 짧은 만남만으로도 상당히 많은 정보를 입수할 수 있다는 사실에 깜짝 놀랄 것이다. 이러한 정보는 앞으로도 계속 귀중하게 사용된다.

그렇다면 조사는 어디부터 시작할 것인가? 상호별 전화번호부를 이용하는 것도 좋은 방법이다. 공급 업체와 상점 설비 업체 각각 열 곳에 전화하라. 소매업을 시작할 생각이라면 경쟁 업체 열 곳을 추가하라.

그러고는 경쟁 업체를 방문하라. 당신에게 영감을 줄 수 있는 사업체를 방문해서 배울 점을 관찰해야 한다. 당신이 가진 아이디어를 실행하기에 적합하다고 생각되는 장소에 가 보라. 실제로 거리에 서 있으면 사업체의 형체가 보다 분명하게 떠오를 것이다.

이제부터 힘들게 습득한 시장 조사 법칙을 나누고자 한다. 사전 지식을 갖추어 실수하지 않기를 바란다.

법칙 23: 자신의 의도를 드러내지 마라. 신중하라.

이 법칙을 빨간 펜으로 크게 써 놓고 절대 잊어버리지 마라! 자신이 아끼는 주제에 대해서 열정에 가득 차서 이야기할 때는 필요 이상으로 많은 계획을 드러내기가 쉽다.

자신의 계획을 가슴 깊이 간직하라. 자신의 열정에 도취되지 말고 아이디어에 대해서 모호한 태도를 보이며 항상 조심하라. 그러나 결코 거짓말을 해서는 안 된다는 점 또한 명심해야 한다. 경우에 따라서는 장기적인 관계를 유지해야 하는 사람들과 대화하는 것이므로 그들과 오해가 생겨서는 안 된다. 확신 있는 태도를 유지하면서도 자신의 아이디어를 그대로 내보이지 않게 균형을 유지해야 한다.

아이디어를 실행하는 과정에서 우리는 미국의 커피 열풍에 대한 소문이 영국의 커피 산업계에 팽배해 있다는 사실을 깨닫게 되었다. 우리는 의도를 드러내지 않은 채 될 수 있는 대로 많은 정보를 수집하려 노력했다.

법칙 24: 가능하다면 많은 사람에게 전화하라. 전화 통화 수가 많을수록 사업의 안전성은 증가한다.

항상 꾸준히 해야 하는 일이 바로 전화 걸기이다. 대화가 불가능하거나 대화 자체를 원하지 않는 사람이 많을 것이다. 그러나 연거푸 '거절'을 당하더라도 낙담하지 마라. 다섯 번의 부정적인 전화 통화 끝에 여섯 번째 전화 통화에서 귀중한 내부 정보를 얻을 수 있다는 점을 항상 염두에 두어야 한다. 전화 통화를 이용해서 유용한 정보를 놀랄 정도로 많이 수집할 수 있다.

전화 한 통화가 다른 통화를 유도할 수 있음을 명심하라. 당신과 허물없이 대화한 사람은 자신의 전화번호부를 열어 유용한 전화번호를 제공해 줄 수도 있다.

법칙 25: 고르지 말고 모두 시도하라.

처음 시장에 발을 들여놓으면 특히 공급 업체로부터 방문 초대를 많이 받게 된다. 얼마 지나면 판매 중개인 사무실을 이곳저곳 찾아다니는 일에 별 보람을 느끼지 못하겠지만 결코 거절하지 말라고 강력하게 조언하고 싶다. 이 기회에 가 보지 않으면 그들에게서 무엇을 배울 수 있을지 어떤 제안을 받을지 알 도리가 없기 때문이다.

우리는 한 공급 업체를 방문하면서 무료 커피 제조 강좌에 참석할 수 있었다. 그 강좌에서 사업의 여러 가지 비결을 터득했고 우리와 유사한 커피 전문점을 운영하는 사람들도 만날 수 있었다. 그때 주고받았던 정보는 후에 매우 유용하게 쓸 수 있었다.

이 모든 과정이 흥미진진하고 재미있고 순탄한 것처럼 들릴지 모르겠다. 그러나 사업가로 사는 것은 건강에 큰 부담이 될 수 있다는 점을 염두에 두기 바란다! 특히 카페인과 관련된 사업을 하고자 한다면 더욱 그렇다. 공급 업체를 여러 번 방문하고 열네 종류의 에스프레소를 하나하나 시음하고 나서 이러다가 심장마비가 오는 것은 아닐까 두려운 생각이 든 적이 있었다. M4(런던에서 웨일즈 남부까지 뻗어 있는 자동차 도로——옮긴이)에 있는 주유소에

급히 차를 멈추고 과다 섭취한 카페인을 흡수시킬 요량으로 급하게 초콜릿 바 두 개를 허겁지겁 먹어치우기도 했다!

여하튼 우리는 상당한 기간 동안 커피 전문점, 카페, 기타 음식과 관련된 장소를 찾아다녔다. 또한 관련 문헌을 입수하는 대로 집에 가져와서 연구했다. 우리는 금세 커피 사업 분야의 전문가가 되었고 무엇이든 새로운 것이 있으면 항상 가장 먼저 찾아갔다.

시장 조사를 하는 동안 사하는 상당히 유용한 외유를 감행했다. 사업의 모든 측면을 면밀하게 조사할 생각으로 아이디어의 원천인 뉴욕으로 갔던 것이다. 이번에는 가능한 한 깊이 있게 조사를 할 참이었다. 우리는 이 여행을 일종의 답사로 생각했다.

사하는 전날 밤 늦게 뉴욕에 도착했지만 다음 날 새벽 5시에 일어나서 간편한 옷차림으로 커피 탐사를 시작했다. 아침 10시 30분이 되었을 때 사하는 이미 저칼로리 라떼 열 잔에 머핀 스물다섯 개를 먹고 녹초가 되었다. 사흘 동안의 답사를 끝낸 후 사하가 어떤 느낌이 들었는지 쉽게 짐작할 수 있을 것이다. 사하에게 유일한 위안이라면 한 커피 전문점에서 다른 커피 전문점으로 이동하는 사이에 잠시 걷는 것뿐이었다. 그것마저 없었다면 런던으로 돌아오는 비행기에서 좌석 두 개를 차지할 만큼 비대해졌을지도 모를 일이다.

사실 사하의 뉴욕 커피 전문점 답사는 커피와 머핀을 실컷 맛보는 것 이상의 의미를 지니고 있었다. 우리 사업이 시각적으로 어떤 형태가 될 수 있는지에 관한 자료를 수집했던 것이다. 일회용 카메라를 갖고 돌아다니며 머핀, 브라우니, 도넛 등을 먹으면서 노련한 솜씨로 조리대, 시설물, 향신료 카운터, 종업원 유니폼 등의 사진을 찍었다.

이로 인해 이따금 매장에서 쫓겨나는 수모도 겪었다. 실제로 한 매장에서는 매니저가 매장 밖까지 나와 사하를 쫓기도 했다. 사하는 나중에는 뉴욕 여행 기념사진을 찍는다는 핑계를 대는 등 창의적인 기지를 발휘했다. 이렇게 해서 죽 늘어선 에스프레소 기계를 비롯한 다양한 전시 이미지를 담은 커피 전문점 자료가 완성되었다. 사진에서 사하의 모습이라고는 한 귀퉁이에 겨우 머리카락 정도가 보일 뿐이었다. 여하튼 누군가가 커피 리퍼블릭에 카메라를 휴대하고 들어온다면? 포기하는 것이 좋을 것이다. 무엇을 하려는지 우리는 이미 다 알고 있으니까!

법칙 26: 경쟁 업체의 단골 고객이 돼라.

아이디어를 현실로 옮기기 전에 앞으로 직면할 도전에 대해서 배울 수 있는 최선의 길은 경쟁 업체를 통하는 것이다.

첫 매장을 개점했을 무렵 우리는 우리 아이디어뿐만 아니라 경쟁 업체에 대해서도 파악하고 있었다. 한발 더 나아가서 우리의 생활 방식을 고객의 생활 방식에 맞추었다. 그래서 매일 아침 커피 한 잔을 마시기 위해서 커피 전문점 중에서 최고라고 생각되는 곳으로 갔다. 이러한 경험을 통해서 고객에게 제공할 수 있는 제품을 지속적으로 시각화할 뿐만 아니라 계속 자극을 받아서 활력을 유지할 수 있었다.

이 방법이 다소 부당한 듯 느껴질지는 모르겠으나 미래의 사업에 대해서 파악할 수 있는 최선의 방법이라고 생각한다. 또한 당신이 일단 사업을 시작하고 나면 다른 사람들도 똑같이 할 것이므로 공정하다고 할 수 있지 않을까?

선택한 미래의 환경에 지속적으로 접촉했기 때문에 이미 머릿속에 구축한 사업 이미지가 유지되었을 뿐만 아니라 강화되었다. 심지어 적극적으로 아이디어를 실행하고 있지 않을 때에도 커피 사업에 대한 정보를 꾸준히 입수할 수 있었다.

경쟁 관계에 있는 모든 사람을 조사해 보라. 무능한 사람은 제쳐 두고 사업을 유능하게 이끌고 있는 사람을 물색하라. 좋은 아이디어가 있다면 매장에서 실천할 뿐만 아니라 회사에 편입시키도록 노력하라.

—월마트 회장 샘 월턴이 직원들에게 한 충고

법칙 27: 형식적인 고객 조사는 사절!

틀에서 벗어난 사고를 해야 한다. 고액의 비용을 지불하고 대행사를 고용해서 일련의 잠재 고객을 선별한 다음 그들에게 특정 상황에서 취할 법한 행동에 대해 설문 조사하는 일 따위는 하지 마라. 자금 낭비이며 가치 없는 일이다. 자금을 절약해서 실질적으로 제품을 개발하는 등 좀 더 나은 일에 사용하도록 하라.

형식적인 고객 조사는 불필요하다. 일부 고객에게만 원하는 바를 물어 본다면 당신의 사업은 현재 고객의 필요에만 국한될 것이기 때문이다. 고객의 '미래의 필요'를 예상하고 충족시켜야 한다. 위의 주장을 뒷받침할 증거가 필요하다면 자동차 왕 헨리 포드의 유명한 말을 참고하기 바란다.

내가 고객에게 무엇을 원하느냐고 물었다면 고객은 더 빠른 말(馬)이라고 대답했을지도 모른다.

—— 헨리 **포드**

포드의 말은 옳다. 포드의 고객은 잘 알지 못하는 것에 대해서 의견을 말할 수 없었을 것이다. 런던의 커피 애호가 대부분이 미국식 커피 전문점을 전혀 체험해 보지 못했다면 어떻게 이에 대한 생각을 말할 수 있겠는가?

사업가로 성공하기 위한 요인은 또 있다. 틀에 박힌 사고나 행동을 하지 않는 것과 함께 확신과 용기를 갖는 것이다. 당신이 선구자라는 사실을 잊지 마라.

현재의 상황에 자신을 가두지 마라. 고객의 습성을 연구하고 경쟁 업체보다 더 나은 가격을 제시할 수 있다면 그렇게 하라!

고객 자신이 원하고 있는지조차 몰랐던 제품이나 서비스를 제공하는 것이 마케팅이다.

—— 이브 생 **로랑**

우리의 이야기

사하와 보비의 시장 조사법

다음은 우리 둘 사이에 오고간 팩스 내용이다. 이 팩스는 킹 거리에 있는 타이 음식점에서 사업 이야기를 처음 나눈 다음 날 아침부터 아이디어가 활성화되어 구체적 형태를 갖춘 시점까지 서로 주고받았던 것이다. 팩스 내용에서 눈에 띄는 점은 행동의 단순화이다. 물론 우리는 주도면밀하고 헌신적이었지만 팩스의 내용 어디에도 고도의 기술이 개입된 흔적은 없다. 우리가 누구든지 할 수 있다고 자신 있게 말할 수 있는 이유가 바로 여기에 있다!

- -

팩스 (보비로부터)

사하에게

시장 조사 단계에서 초점을 두어야 할 주제를 써 봤어.

1. 앞으로 몇 주 동안은 시장 진입을 위한 연습으로 생각한다. 주요
   목표는 '커피 시장의 동향'을 파악하는 일이다.

- -

2. 우선 '탁상 조사'를 시작할 필요가 있다. 사업과 관련이 있는 도서
   관을 찾아서 스크랩된 뉴스를 훑어보고, 커피 회사의 사업 보고서,
   최근 미국 시장의 동향에 대한 연구 분석 보고서와 기록을 살펴본
   다. 런던과 미국 양쪽에서 커피 시장의 상황을 세부적으로 조사할
   필요가 있다.
   가능하다면 대형 식품 회사가 영국에 커피 전문점을 설립할 계획을
   가지고 있는지 파악한다.

3. 이와 같이 조사를 하는 동안에도 항상 우리 사업의 메시지에 대해
   서 생각해야 한다. 발견하는 사항마다 직관적으로 보아야 한다. 메
   시지는 뚜렷하고 명확해야 한다.
   또한 경쟁 상대가 누군지 파악하고 우리가 그들과 차별화될 수 있
   는 점이 무엇인지 생각한다.
   우리 매장의 이미지를 그려 본다. 분위기를 시각화하고 품질에 집중
   하면서 현재 시장을 형성하고 있는 매장과 어떻게 차별화할 것인지
   생각한다.

4. 시장 조사에는 예상 소매 가격, 자산 가격, 제품(커피) 비용 등에
   대한 윤곽이 드러나야 한다. 총이익과 손실을 계산해서 어느 정도
   의 판매고를 올려야 손익분기점에 도달하는지 파악한다.

너무 걱정하진 마. 생각하는 것만큼 어렵진 않을 거야. 우리가 아무리
숫자를 세분화해서 계산한다 해도 결코 정확한 답은 얻을 수 없어. 결
국에는 손익분기점에 도달할 수 있는지 없는지 우리가 직관적으로 판
단해야 할 거야. 내 느낌으로는 무엇이든 소규모로 시작하는 것이 좋
을 듯해. 최소한의 면적으로 매장을 운영하더라도 다른 커피 전문점과

차별화할 수 있고 우리의 메시지도 분명하게 전할 수 있을 거야. 판매 창구를 크게 한다면 매장 면적은 더 작아도 되겠지.

사하, 자금 조성 문제에 대해서는 지금 걱정하지 마. 컨셉에만 초점을 맞추도록 해. 컨셉이 좋으면 자금 문제는 어떻게든 해결할 수 있을 거야. 여하튼 상표명을 만들고 확립하는 데 일 년이라는 시간이 있잖아! 하긴 그리 넉넉한 시간은 아니지만!

팩스 (사하로부터)

조사를 꽤 많이 했어. 뭘 했는지 써 볼게.

. 시티 비즈니스 라이브러리에서 커피, 커피 전문점, 경쟁 업체 등에 대한 기사를 광범위하게 조사했다. 실제로 새로운 커피 전문점에 관련된 온갖 뒷얘기를 수록한《카페 올레 *Cafe Ole*》라는 잡지가 있었다.

. 시티 비즈니스 라이브러리에 소장되어 있는 최신 마케팅 보고서를 읽었다. 패스트푸드 사업에서는 민텔(Mintel)의 보고서가 최고였다. 마케팅 보고서는 구매하기엔 비싸고 복사도 금지되어 있었다.

. 국제 커피 협회의 도서관을 방문했다. 온통 커피에 대한 자료만 소장된 도서관이었다! 매우 유용한 기사를 스크랩할 수 있었다.

. 미국과 영국의 거대 식품 체인점의 사업 설명서를 훑어보았다.

. 경쟁 업체에 전화해서 정보를 얻었다. 모든 경쟁 업체를 표시한 축

소판 런던 지도를 입수했다.

. 커피와 커피 기계를 공급하는 업체 대부분에 전화했다. 물론 익명으로.

이렇게 조사한 결과 파악한 내용이야.

시장

. 커피는 원유에 이어 세계에서 두 번째로 교역량이 많은 제품이다.

. 영국에서는 홍차가 항상 국내 선호도 1위를 차지하는 음료였다.(하루 일인당 3.9컵) 이는 커피보다 일곱 배 정도 많은 양이지만 차와 커피 소모량의 차이는 서서히 줄어들고 있다.

. 영국은 일인당 커피 소모량이 유럽에서 가장 적은 나라이다. 일인당 커피 소모량이 프랑스는 5킬로그램, 독일은 6킬로그램일 때 영국은 2킬로그램에 불과했다. 대조적으로 스칸디나비아 반도에 위치한 국가는 일인당 14킬로그램 정도의 커피를 소비한다.

. 영국은 유럽에서는 유일하게 인스턴트 커피에 대한 선호도가 높은 나라이다. 영국에서 소비되는 커피의 90퍼센트가 인스턴트 커피이다. 프랑스에서 10퍼센트만 차지하는 것과 대조적이다.

. 커피 소비량은 분명 증가하는 추세여서 식품 시장에서 커피의 판매량이 가장 크게 상승하고 있다. 영국에서 소비되는 커피의 63퍼센트는 가정 밖에서 소비된다. 영국의 커피 산업은 엄청난 성장 잠재력을 가지고 있다.

. 샌드위치 시장의 인기가 급상승하고 있다. 커피 전문점 시장도 같은

현상을 겪을 것으로 확신한다. 시장에 혁신이 일어나고 있으며 제품은 좀 더 나은 품질로 개선되고 있다. 복합 식료품점이나 프레타망제 등이 구식 샌드위치 전문점에 도전장을 내밀며 급부상하고 있다.

· 소비자는 보다 편리함을 추구하고 있다. 생활 양식이 변했고 가족이 함께 식사하는 시간이 없어지기 시작하면서 식사 사이에 간단하게 끼니를 해결하거나 간식을 먹는 경향이 계속되고 있다.

커피

· 커피에 대해서 상당한 지식을 쌓았다. 칼디(Kaldi, 커피나무를 처음 발견한 양치기—옮긴이)에 관한 흥미로운 이야기도 들었다.

· 커피 공급 업체 열 군데와 회의를 했다.(물론 실제 계획에 대해서는 말하지 않았어. 평범한 샌드위치 점을 개업하려는 것으로 가장했지!) 카푸치노의 가격과 총 마진에 대한 정보를 얻었다.(오빠가 들으면 정말 감동할걸!)

· 주요 커피 기계 공급 업체와 회의를 하고 소책자와 가격표를 입수했다.

· 돌아다니면서 커피 판매량에 대한 개념을 파악했다. 샌드위치 전문점은 하루에 천 잔 단위의 카푸치노를 판매하고 있다.(믿기 어렵지?)

· 경쟁 업체의 판매 가격을 조사해서 목록을 작성했다.

· 미국에서 장비를 수입해야 할 경우를 대비해서 세무서에 전화해서 수입 관세에 대해 문의했다.

장소

우선 장소를 물색해 주고 사업의 모든 과정에 대해 일반적인 조언을 해 줄 공인 감정사를 정할 필요가 있어. 이 얘기를 들으니까 안심이 되더라. 이 분야에 대한 지식이 부족해서 항상 걱정거리였거든.

· 주요 공인 감정사를 몇 명 만나 보았다. 명단은 소매 상점에 부착되어 있는 광고판에서 입수했다. 임대료에 대한 대략의 정보를 확보했다.

· 직접 경쟁 업체를 방문하고 보행자 통행량을 조사한 결과 이상적인 장소를 보는 눈이 생겼다. 장소 물색에는 직감과 경험을 활용하자.

· 사람들이 이구동성으로 말하는 주된 문제점은 매장 소유주들이 우리 같은 신참 사업가와 임대차 계약을 맺으려 하지 않기 때문에 개인 보증이 필요할 수도 있다는 것이다. 이것이 가장 큰 문제점이 될 가능성이 있다. 주의 요망!

· 사업 허가를 얻기 위한 아이디어를 생각해 두었다.

· 환경과 관련된 문제를 조사했다. 예견되는 문제점은 아직 없다. 사업을 등록하고 매장을 설계하는 과정에 환경 관계자를 포함시킨다.

저렴하고 멋진 장소를 찾아내는 일을 할 사람은 우리밖에 없는 것 같아. 감정사는 그저 별 볼일 없는 자리에 대한 전단만 보내 주었을 뿐이거든. 자동차로 도시를 직접 둘러보고 빈 매장을 물색해야겠어. 일단 목이 좋은 빈 매장이 있으면 감정사에게 연락해서 매장 소유주를 만나 보라고 할 작정이야.
가장 저렴하게 보행자 통행량을 측정하는 방법은 직접 하는 것밖에 없어. 러시아워에 매장을 지나가는 사람 수를 세기 위해 계수기를 샀어.

우리 상표명을 소비자에게 인식시킬 때까지 영국 국철과 히드로 공항 근처는 피해야 할 것 같아. 그곳의 매장은 대기업이 관리하고 있거든. 빈 매장도 없을 뿐만 아니라 오로지 지명도가 있는 브랜드만 입점할 수 있다고 했어!

내가 뽑은 장소:
무어게이트, 슬론 광장, 플리트 거리/홀본

제반 경비
통상 소요되는 제반 경비에 대해 알아봤어. 전기, 가스, 수도 회사에 전화를 했고 유용한 정보를 얻었어. 그들이 커피 전문점의 규모에 따른 전기 요금, 가스 요금, 수도 요금의 견적을 내 줬어.

종업원
종업원을 몇 명이나 고용해야 할지에 대해서는 아직 확실히 알 수 없지만 하루에 커피 400잔을 팔려면 한 명으로는 부족해. 특히 한창 바쁜 시간대에는 불가능할 것 같아. 가능할 수도 있을까? 누구에게 물어볼 수 있을까? 커피 공급 업체에 문의해 봐야겠어.
무엇보다도 중요한 것은 잘 훈련받았으며 열성적인 종업원을 확보하는 거야. 내가 물색한 한 커피 공급 업체는 한 달에 이틀 종업원 교육을 실시하는데 그곳에 종업원을 보내면 무료로 교육시킬 수 있대. 시간당 교육비를 청구하는 공급 업체도 있으니까 시간이나 형식에 구애받을 필요는 없을 것 같아.

종업원이 모두 몇 명 필요할지 파악해야 해. 일반적으로 이탈리아식 샌드위치 전문점 종업원과 전혀 다른 종업원을 어떻게 고용할 수 있을까? 종업원의 유니폼(로고가 새겨진 티셔츠, 야구 모자, 앞치마를 생각하고 있어.)은 어디에서 구입해야 하지?

매장 설계

나는 정말 이 부분에 대해서는 아무런 생각이 없어. 그저 상호별 전화번호부에서 찾은 매장 설계사로부터 대략의 견적을 받았을 뿐이야. 일단 장소를 물색하고 나면 좀 더 분명해질 것 같아. 뉴욕에 있는 건축사에게서 디자인을 받아볼 수 있을까? 어리석은 생각일까?

음식

주변 공급 업체에 음식에 대해서 문의했지만 우리가 원하는 품질의 음식을 공급할 수 있는 곳은 없는 듯해. 무지방 머핀을 만드는 곳은 한 군데도 없었어. 사람들은 내가 제정신이 아니라고 생각하는 것 같아.

샌드위치는 어떡하지? 뉴욕에서는 샌드위치보다는 머핀을 판매하는데……. 커피만으로는 타산이 맞지 않기 때문일까? 여하튼 샌드위치는 판매하지 말아야겠어. 음식점을 개업하려는 것은 아니니까.

우리가 원하는 품질의 음식을 만들어 줄 제빵 업자가 있어야 할 것 같아, 뉴욕에서 무지방 조리법을 수록한 책을 사야겠어.

커피 이외의 판매 제품

커피 외에 다른 음료를 판매할 필요가 있는지 다른 사람에게 물어봐야
겠어. 내 직감으로는 오렌지 주스, 홍차, 생수를 판매해야 할 것 같아.
두 사람이 아침을 사 먹으려고 같이 길을 나섰다고 가정하자. 그중 한
사람이 커피를 마시지 않는다면 두 사람이 각각 다른 가게에 가서 줄
을 설 확률은 높지 않아. 커피를 마시는 사람이 품질을 포기하고 홍차
까지 판매하는 곳에서 커피를 살 가능성이 많거든. 또 영국은 여전히
홍차를 마시는 문화가 지배적인 나라라는 점을 잊어서는 안 돼!

경쟁 업체

런던에서 우리와 같은 컨셉을 가지고 있는 매장이 당장은 없지만 두
회사에서 커피 전문점을 설립하려 한다는 소문이 시장에 돌고 있어.
스타벅스도 매장을 열 가능성을 타진하고 있지만 미국 내에서 사업을
팽창하는 데 몰두하느라 아직은 여력이 없는 상태야.
우리가 커피 전문점을 열기 전에 새로운 형태의 커피 전문점이 런던
주변에 생겨나기 시작하면 어떡하지? 미국에 기반을 둔 거대 기업이
나 상당한 경제력을 갖춘 사람이 우리 매장 근처에서 개업을 하면 어
떡해? 가능한 한 신속하게 개업을 해야 시장에서 인지도를 확보할 수
있을 거야. 이후 다른 사람이 매장을 연다 하더라도 그 시점까지 우리
가 강력한 이미지와 상표 충성도를 구축해 경쟁할 수 있어야 해.

재정적인 문제

고객의 수를 추정해 보자. 런던에서 대중교통 수단을 이용하는 사람들의 숫자를 파악했어. 매일 2만 6963명이 무어게이트 지하철역에서 걸어 나와. 커피 전문점의 자리가 좋다면 이들 중 10퍼센트만 끌어들여도 고객 수가 2,600명이나 될 거야! 무어게이트에 위치한 막스앤스펜서의 작년도 샌드위치 매출액은 350만 파운드였어. 하루에 평균 1만 3500파운드의 매출을 기록한 셈이니까 800명 정도가 그 매장으로 들어간 셈이야! 나와 대화를 나누었던 공급 업자들은 하나같이 하루에 최소한 400~500잔 정도의 커피를 판매해야 한다고 말했어!

어쨌든 내가 길에서 센 보행인의 수가 도움이 될 거 같아.

사하

법칙 28: 80 대 20 법칙

일단 조사를 마쳤더라도 한 가지 의문이 머릿속에서 끝까지 떠나지 않을 것이다. 자신의 아이디어를 믿고 직장을 그만두고 저돌적으로 사업에 뛰어들기 전에 다음을 확인하고 싶을 것이다.

> **내 아이디어가 적중하리라는 것을 어떻게 100퍼센트 확신할 수 있을까?**

결코 확신할 수 없을 것이다. 의문에 대한 해답을 찾을 수 없는 경우도 많은 법이다.

다만 우리는 80:20 법칙을 따른다. 주제에 대해 80퍼센트 확신할 수 있다면 20퍼센트 정도는 해답을 알지 못해도 추진한다. 사업을 추진하면서 나머지 20퍼센트는 본능적으로 파악할 수 있을 것이다.

조사 단계의 막바지에 이르렀을 때도 여전히 몇 가지 의문을 해결할 수 없었다. 사실 매우 중요한 문제를 해결하지 못하고 있었다.

사업체 이름을 무엇으로 할까?

당신을 성공으로 이끄는 주요 요소는 전략이지만 이름이 좋으면 경쟁사가 당신의 영역으로 잠식해 들어오는 것을 막을 수 있다. 반면에 좋지 않은 이름은 목에 맨 맷돌과 같다.

—알 리즈, 『포커스』의 저자

사업가라면 누구나 불가피하게 직면하게 되는 문제가 있다. 사업체 이름을 무엇으로 할까? 브랜드가 가장 중요한 소매업에서는 이름을 정하는 일이 더욱 중요하다. 사실 1995년 3월까지도 커피 리퍼블릭이라는 상호를 생각해 내지 못했다. 커피 리퍼블릭이라는 이름을 생각해 내는 데 꼬박 4개월이라는 시간이 걸렸지만 이는 크게 문제가 되지는 않았다. 올바른 상호를 찾기 위해 투자한 시간은 의미 있었기 때문이다.

상호를 찾는 과정에서 발견한 몇 가지 사항을 이야기하고자 한다. 상호는 사업에 대한 실질적이고 정서적인 느낌을 모두 집약해야 할 뿐만 아니라 고객에게 제공할 수 있는 이익을 암시할 수 있어야 한다.

상호를 찾는 방법

상호를 찾는 좋은 방법은 종이에 몇 가지 목록을 적어 보는 것이다. 당신 제품이 공급할 수 있는 실질적인 이익부터 언급하기 시작한다.

· 더 저렴한가?
· 더 나은가?
· 더 편리한가?
· 새롭고도 특별한 이익을 제공하는가?

고객이 당신의 상호와 연관지어 생각할 수 있는 이익을 써 본다.

· 더 나은 체험
· 더 나은 제품
· 돈 주고 구매할 만한 가치
· 신뢰성, 침착성

상호는 매우 중요한 역할을 한다. 특히 고객과 대화를 하거나 평판을 구축하기 전인 초기 단계에서는 더욱 그렇다. 매력이 있어야 하고 사업의 '특성'을 담고 있어야 한다.

우리는 사업의 컨셉을 제대로 표현해 줄 상호를 생각해 낼 수 없었다. 수많은 상호를 떠올리며 궁리했지만 적절한 상호가 떠오르지 않았다. 좌절감이 엄습했다. 당시에 우리의 머릿속을 스쳐 지나갔던 생각을 기록한 메모와 스크랩을 아래에 실어 보았다.

시간이 흐르고 생각이 정리되었을 무렵 머릿속에 떠오른 상호는 '자바 익스프레스'였다. 실제로 이 상호로 사업 계획서를 썼고 자금을 모았다. 하지만 마음속으로는 내내 상호가 마음에 걸렸다.

상호가 갖추어야 할 조건

- 이름만 들어도 판매하는 제품의 종류(커피)를 고객이 즉시 알 수 있어야 한다.
- 고객에게 완벽한 커피 체험을 제공하려는 노력이 집약되어 있어야 한다.
- 사업의 모든 요소가 상호와 일관성을 이룬다는 느낌을 주어야 한다.
- 부담스럽지 않은 가격으로 호사를 체험한다는 느낌을 주어야 한다.
- 새롭고 흥미로운 컨셉이라는 것을 전달해야 한다.
- 번화가에 위치해서 고객의 눈에 띄어야 하고 기존의 샌드위치 전문점과 구별되어야 한다.
- 매혹적이고 외우기 쉬워서 사람들의 주의를 끌어야 한다.

- 일상적으로 사용할 수 있는 이름이어야 한다.
- 멋있고 유행에 맞는 이름이어야 하지만 지나치게 지적인 느낌을 주지 않아야 한다.
- 맛있는 커피를 마시고 싶은 사람 누구에게나 어울리는 이름이어야 한다!

"바로 이거야!"
무릎을 칠 만한 상호를 발견하는 방법

1. 가장 창의적일 수 있는 때인 조사 단계에서 마음속으로 내내 상호를 생각해 본다. 여기저기 돌아다녀야 하는 이 시기에 상호에 대해서 적극적으로 생각할 여유는 없을 것이다. 그러나 불현듯 깜짝 놀랄 만한 좋은 아이디어가 떠오를 수 있다.

2. 친구와 브레인스토밍을 한다. 실제로 우리 친구들은 '체 게바라 커피', '해즈 빈(Has Bean)' 등의 별난 이름을 내놓았다. 항상 훌륭한 아이디어를 얻는 것은 아니지만 결코 시간 낭비는 아니다.

3. 상호별 전화번호부를 뒤적이면서 다른 사업체의 상호를 훑어본다. 물론 그대로 베낄 수는 없지만 상호에 대한 일반적인 아이디어를 갖게 되고 피해야 할 점이 무엇인지 파악하게 된다.

4. 다른 나라 전화번호부도 훑어본다. 참고할 만한 상호를 우연히 발견할 수 있다.

5. 생활/패션 관련 잡지를 훑어본다. 좋은 아이디어를 얻을 수도 있고, 때로는 표제나 단어를 결합하여 좋은 이름이 머릿속에 떠오를 수 있다.

6. 종이를 놓고 혼자 브레인스토밍 작업을 한다. 매일 30분 동안 머릿속에 떠오르는 내용을 모두 적고 스케치한다. 시각화할 수 있는 것은 무엇이든 스케치하는 일부터 시작하라.

7. "바로 이거야!" 하고 소리칠 만한 상호를 찾았다면 깊이 생각한 후에 주변 사람에게 들려주고 반응을 살핀다. 여전히 좋다는 반응이 나오면 드디어 자신만의 상호가 생긴 것이다!

상호를 만드는 것은 중압감을 느낄 만한 일이었다. 우리는 사업체를 유한 회사로 등록해야 했고, 그렇다면 처음부터 제대로 된 상호를 사용해야 한다는 심적 부담을 갖고 있었기 때문이다. 상호에 대한 영감을 얻기 위해서 시티 비즈니스 라이브러리에 가서 미국의 미네소타나 시애틀 등 여러 지역의 전화번호부를 뒤졌던 기억이 난다. 주변의 친구들을 불러서 함께 브레인스토밍 작업도 거쳤다. 그러던 어느 날 교통 체증 때문에 사우스켄싱턴 지하철역 밖에서 오도가도 못하게 되었다. 우리 둘은 그때 그 순간을 지금도 정확하게 기억하고 있다.

"보비, 우리가 찾는 상호는 말이야 커피와 관련된 장소라는 것을 고객에게 알려 주어야 해. 마치 고객이 커피 나라에 걸어 들어가듯이 말이야. 그곳에서 일어나는 모든 일은 커피와 관련된 것이고. 커피 월드…… 음…… 커피 리퍼블릭……."

사하는 즉각적으로 보비를 돌아다보았고, 보비는 사하가 정곡을 찔렀다는 것을 직감했다. 보비는 즉시 소리쳤다.

"그거야! 바로 그거야!"

우리 상호가 탄생하는 순간이었다. 본능적으로 우리 둘은 '커피 리퍼블릭' 이라는 상호가 사업 정신을 모두 함축하고 있다는 사실을 깨달았다. 우리는 집에 도착하자마자 세 명의 친구에게 전화했다. 친구들 모두 상호가 적절하다고 이구동성으로 말했다. 우리 사업에 딱 들어맞는 상호였다. 또한 세월이 지난 후에 생각해 보면 완벽하게 적절한 상호였다. 오 년 후《파이낸셜타임스》는 커피 리퍼블릭을 영국을 대표하는 다섯 개 브랜드의 하나로 지목했다.

이제 사전 조사에 대해서는 이 정도로 끝마치려 한다. 사실 조사 단계는 공식적으로 끝나는 법이 없다. 사업에 관한 배움에는 끝이 없기 때문이다. 하지만 어느 단계에 이르면 그저 도약해야만

할 때도 있는 법이다.

훌쩍 뛰어올라라, 그러면 장애물이 나타날 것이다!

——줄리아 카메론

제4장
사업 계획서 작성법
아이디어를 사업으로 전환하는 단계

조사를 마치고 아이디어에 대한 확신이 더욱 굳어지면 "어떻게 아이디어를 사업으로 전환할 수 있을까?" 하고 자문하기 시작할 것이다. 이제 차분히 앉아서 사업 계획서를 작성할 시점에 도달했다. 정보를 수집하고 아이디어에 몰두하는 단계에서 벗어나 체계적으로 사업을 계획하는 과정에 접어든 것이다. 훌륭하긴 하지만 아직은 추상적인 아이디어가 이 과정에 이르면 살아 숨쉬고 움직이는 사업으로 전환된다.

지금까지는 열정으로 일을 추진할 수 있었지만 이제부터는 조직력을 갖추어야 한다.

사업 계획서는 반드시 작성해야 하는가?

사업 계획서가 없이 사업을 진행하는 것은 청사진 없이 집을 짓는 것과 같다. 예외가 있다면 빌 게이츠와 폴 알렌의 경우 정도일 것이다. 그들은 첫 번째 마이크로소프트 제품을 출시할 때 사업 계획서를 작성하지 않았다. 하지만 일반적으로는 세 개 소기업 중 두 곳이 사업 계획서 없이 사업을 시작하고 그중 3분의 2가량이 창업 오 년 이내에 사업에 실패한다. 이는 결코 우연의 일치가 아니다.

사업 계획서가 반드시 필요한 이유는 무엇일까?

법칙 29: 사업 계획서는 성공을 위한 수단이다.

'사업 계획서'라는 말을 들으면 우리처럼 사업적 지식이 부족한 사람들은 움츠러들게 마련이다. 용어 자체가 부담스러운 데다가 엄청난 기술이 필요할 듯한 느낌을 주기 때문이다. 그러나 절대 두려워하지 마라. 첨단 지식이나 기술을 갖추고 있을 필요는 없다. 사업 계획서란 단지 사업의 목적과 과정을 정식으로 기록하고 정해진 자금으로 목적을 달성할 수 있는 방법을 제시하는 것에 불과하다.

여전히 엄두가 나지 않는다면 이렇게 생각해 보자. 휴가를 떠날 때 우리는 그저 아침에 일어나서 불쑥 "지금부터 이 주 동안 휴가를 떠날 거야. 어디로 갈까?"라고 말하지 않는다. 보통 출발하기 삼 개월 전부터 계획을 짠다. 어디로 갈지 비용은 얼마나 들지 쓸 수 있는 돈은 얼마나 있는지 등을 생각하고 예약을 하는 등 조치를 취한다. 그렇게 준비하고 정해진 날이 되면 잠자리에서 일어나 출발한다.

계획을 세워서 휴가를 떠난 적이 있다면 이미 사업 계획서를 써 본 것과 다름없다. 휴가뿐만 아니라 파티를 계획하는 등 사전에

계획하고 비용을 마련해야 하는 행사를 열어 본 경험이 있어도 마
찬가지이다.

**법칙 30: 머릿속에서 마구 쏟아져 나온 생각을
체계화한 것이 바로 사업 계획서다.**

이제부터는 마음속에 흩어져 있는 두서없는 생각과 관찰한 사
실, 세부 요소들을 체계화할 차례다. 계획하고 있는 사업에 대해
서 알아야 할 점을 모두 파악했다 하더라도 그 지식은 아직 형태
를 거의 갖추지 못하고 있다. 지금까지 파악한 모든 요소를 실전
에 활용하기 전에 체계화해야 한다. 간단히 말해 사업 계획서는
아이디어를 체계적으로 정리한 것이다.

아이디어를 정리하는 일은 그다지 흥미로운 일은 아니다. 그러
나 가정에서든 사무실에서든 급하게 무엇인가를 찾을 때를 떠올려
보라. 정리가 얼마나 중요한지 느낄 수 있을 것이다. '정리'는 단
순한 정보를 사용할 수 있는 정보로 전환시키는 역할을 한다.

사업 계획서를 작성할 때는 여태껏 입수한 정보와 두서없는 아
이디어를 모두 기록해야 한다. 모든 사항을 기록하다 보면 아이디
어가 더욱 분명해지고 사업이 진정한 형태를 취하게 된다. 그뿐만
아니라 그동안 잊고 있었거나 간과했던 사항을 모두 끄집어낼 수
있다.

기록할 수 없다면 모르고 있는 것이다.

사업 계획서를 작성하기에 가장 좋은 시기는 조사를 하는 동안과 조사가 끝난 직후이다. 아이디어와 시장에 대해서 가장 창의적이고 많은 정보를 듣는 시기이기 때문이다. 실제로 이 시기에는 사업에 대한 생각으로 흥분되어 있어서 모든 생각과 계획을 기록하게 마련이다. 사실 이때 기록해 두지 않으면 잊어버리고 만다. 사업 계획서 작성에 따른 이점은 또 있다. 사업을 수행하다 보면 잡다하고 골치아픈 일에 부딪치면서 난항을 겪게 된다. 이때마다 사업 계획서를 검토한다면 이 일을 하고 있는 이유를 상기하고 재충전할 수 있게 될 것이다!

사업 계획서는 항상 올바른 방향으로 사업을 수행할 수 있도록 돕는 역할을 한다. 힘들다고 생각할 때마다 열정을 충전시켜 주고 사업에 대한 비전을 제시해 줄 것이다.

법칙 31 : 사업 계획서는 명함과 같아서 외부적인 신용을 부여한다.

사업 계획서가 중요한 이유 중 하나는 자금을 모으기 위한 수단으로 활용할 수 있기 때문이다.

하지만 사업 자체와 사업 계획서를 혼동하지 않기 바란다. 위대한 벤처 자본가인 아서 록은 일 년에 삼백 부 정도의 사업 계획서를 검토한다고 한다. 그는 이렇게 말했다.

"훌륭한 아이디어와 훌륭한 제품은 얼마든지 있다. 그러나 아이디어를 사업으로 만들고 훌륭한 경영을 할 수 있는 사람, 즉 훌륭한 사람은 드물다. 달리 표현하자면 전략을 짜기는 쉽지만 사업체를 운영하는 데 필요한 매일의 결정을 내리기는 어렵다. 이러한 이유로 나는 사업 계획서에 있는 제안 자체보다는 실제로 사업 계획서를 실행할 사람에게 더욱 관심을 기울인다."

영국 인터넷 시장은 국철의 냅킨에 황급히 흘려 쓴 아이디어를 토대로 인터넷 사업을 위한 수백만 파운드를 모집했다는 얘기가 있다. 많은 투자가가 희생을 치르고 알아낸 사항을 처음부터 알았더라면 인터넷 사업은 더욱 나아질 수 있었을 것이다.

누가 사업 계획서를 작성해야 하는가?

제3장에서 서술한 시장 조사에 관련된 법칙 중에서 '직접' 해야 한다는 법칙을 기억하라. 이 장에서도 같은 법칙이 적용된다. 사업 계획서의 작성은 바로 사업가인 당신이 해야 할 일이다. 그 이유 또한 시장 조사를 직접 해야 하는 것과 마찬가지다.

당신보다 제품과 시장에 대해서 잘 파악하고 있는 사람은 없다. 당신은 열정을 가지고 사업에 헌신하는 사람이며 이러한 면이 사업 계획서를 작성할 때 빛을 발할 것이다. 아이디어에 익숙하지 않은 사람은 호소력 있는 사업 계획서를 작성할 수 없다. 사업 계획서는 사업가의 열정과 에너지를 전달해야 하는데 전문가라 하더라도 대리인이 작성한 사업 계획서는 그렇지 못할 가능성이 크다.

시장 조사에서와 마찬가지로 사업 계획서를 쓰는 동안 영감이 생길 수 있다. 사업 계획서를 작성하는 과정을 거치면 비전에 초점을 두고 아이디어를 현실로 옮기는 과정을 단계적으로 밟아 나갈 수 있다.

사업 계획서를 작성하는 데 필요한 모든 것은 이미 당신의 머릿속에 있으므로 어떤 특별한 기술도 필요하지 않다. 처음에 사하는 사업 계획서를 작성해야 한다는 생각에 덜컥 겁부터 났다. 효과적인 사업 계획서를 작성할 만한 기술이나 지식이 없다고 걱정하면서 말이다. 사하는 보비에게 이 일을 하기 전에 경영 대학원에서 배울 수 있도록 일 년이라는 시간을 달라고 했다. 그러나 사하는 어찌 됐든 바로 일을 시작하게 됐고 두서없이 떠돌던 추상적인 생각을 한데 모아서 구체적인 서류로 만들어 내는 일이 얼마나 보람 있는지 깨달았다.

일단 시작하자 사하는 자신에게 가장 낯설고 두려운 영역인 재정 기획안을 작성할 때조차도 투자 은행업에 대한 전문 지식이 기획안을 작성하는 데 반드시 필요한 것은 아니라는 것을 깨달았다. 조사 단계에서 이미 숫자를 생각해 두었기에 종이 한 묶음과 계산기가 필요했을 뿐이었다.

그러나 결국 사하는 숫자가 등장하는 단계에서 보비의 도움을 받아야 했다. 숫자만 보아도 몸이 움츠러든다면 전문가의 도움을 받아서 조사 자료를 분석하고 좀 더 전문적인 계획서를 작성할 수 있는 방법을 생각해 보라. 도움을 제공할 정부 기관을 찾아보고 자문을 구하라. 보비와 같은 재정 파트너를 경영진으로 두는 것은 좋은 방법이다.

사업 계획서에는 어떤 내용이 포함되어야 하는가?

첫 사업 계획서를 작성하는 데 '누구나 할 수 있는' 간단한 방법을 살펴보자.

기본적으로 사업 계획서는 다음과 같은 내용이 자세하게 언급되어야 한다.

· 사업 수행에 대한 계획(멋진 아이디어의 실행 방법)
· 시장, 고객의 요구 등과 관련해서 사업 성공을 확신하는 이유(시장 조사를 바탕으로 자신의 확신을 사업 계획서에 표현해서 다른 사람에게 확신을 끌어내야 한다.)
· 사업 계획서를 실행하고 컨셉을 현실화하는 데 당신이 적임자라는 근거를 제시한다.(당신의 이력을 제시하고 경험이 부족하다면 그것을 보충할 방안을 제시한다.)
· 어떻게 수익을 창출할 수 있는가?(제품의 가격과 양이 모든 비용을 상쇄하기에 충분한가?)
· 사업을 시작하는 데 필요한 자금은 얼마인가?(사업 운영에 필요한 초기 비용과 영업 자본)

이 장의 끝부분에 우리가 작성한 사업 계획서를 그대로 수록했다. 우리는 사업 아이디어에 대해서 처음 의논했던 날부터 한 달이 채 안 되어 이 사업 계획서를 작성하기 시작했다. 커피 리퍼블릭에 대한 우리의 비전을 정확하게 표현해 낸 진솔한 계획서다. 이 계획서는 '커피 리퍼블릭'이란 상호를 생각해 내기 전에 쓰여져 상호를 '자바 익스프레스'로 하고 있다.

이것이 사업 계획서에 대한 우리의 마지막 조언이다.

"완벽을 꾀하려다가 꼼짝달싹 못하는 일이 없도록 하라."

서류상으로 완벽한 사업이 현실 세계에서 반드시 성공한다는 법은 없다. 훌륭한 사업 계획서가 사업을 훌륭하게 수행하기 위한 필수 요소도 아니다. 또한 최선을 다해서 사업 계획서를 작성해야 하지만 실제 에너지는 소매를 걷어붙이고 실제로 사업을 수행하는 데 사용해야 한다.

초안

기밀 보고서

제 호 _____

자바 익스프레스

커피 & 에스프레소 전문점

사업 계획서

1995년 2월

I. 사업 개요

자바 익스프레스는 보다 다양한 커피 음료를 선택할 수 있는 에스프레소 전문점이다. 자바 익스프레스는 특제 커피 음료를 즐기고 커피 마시는 일 자체를 목적으로 하는 '상황'을 창조하여 새로운 커피 체험을 제공한다. 이는 현재 영국 커피 시장에는 존재하지 않는 독특한 컨셉이다.

자바 익스프레스는 카푸치노나 에스프레소뿐만 아니라 카페 라떼, 카페 모카, 카페 마키아또 등 고품질의 에스프레소 혼합 음료를 판매한다. 이러한 음료는 훈련을 받은 '바리스타'가 제조한다. 바리스타는 평범한 커피 전문점 종업원이라기보다는 숙련된 기술을 가진 칵테일 바텐더에 가깝다. 바리스타는 에스프레소에 스팀 밀크나 우유 거품, 초콜릿, 향신료, 휘핑크림 등을 혼합해서 음료를 만든다. 이때 혼합하는 양은 주문한 음료의 종류와 고객의 취향에 따라서 달라진다. 커피 음료를 판매하는 외에도 부수적으로 홍차, 주스, 케이크, 머핀, 베이글 등도 판매한다.

자바 익스프레스의 컨셉은 처음에 시애틀에서 시작됐으나 현재는 미국 전역으로 급속하게 팽창되어 수백 개의 특제 커피 전문 체인점이 생겨나고 있다. 그중 스타벅스가 가장 유명해서 '음료 맥도널드'라고 불릴 정도이다. 스타벅스는 1987년 열일곱 개의 에스프레소 전문점으로 시작해서 수백 개의 매장을 지닌 기업으로 팽창했으며 일주일에 평균 두 개의 매장이 새로 생겨날 정도로 발전을 거듭하고 있다. 그러나 좀 더 작은 규모로 사업을 시작하려는 사람을 위한 시장은 남아 있다. 한 예로 경영진의 한 지인은 1993년 3월에 뉴욕에 본사를 둔 커피 체인점을 개업해서 이 년 만에 매장을 열네 군데나 새로 개설했고 이 사업체는 여전히 급속한 성장세를 기록하고 있다.

아직까지 이러한 컨셉을 영국에 도입하려 한 사람은 없었다. 이 사업에서 주도적 역할을 하고 있는 미국 회사는 미국 내의 사업 팽창에 몰두한 나머지 영국 시장에 주력할 수 없는 듯하다. 보통 런던의 이탈리아식 샌드위치 전문점은 하루 평균 500~600잔의 카푸치노를 판매하고 있다. 예를 들어 코번트 가든에 있는 '폰티'는 커피 전문점이 아니라 음식점임에도 토요일 하루 카푸치노 판매량이 6,000잔에 달한다.

그러나 시대가 변하고 있고 위와 같은 이탈리아식 샌드위치 전문점은 프레타망제 등과 같은 새로운 음식 소매 컨셉이 등장하면서 급속도로 시장을 잠식당하고 있다. 그러나 커피만으로 샌드위치 전문점에 도전장을 낸 업체는 아직 없는 실정이다.

최근 매스컴은 영국의 새로운 '커피 열풍'에 대해 보도하고 있다. 유일한 주요 커피 전문 체인점인 '코스타 커피'는 무어게이트 지역에서만 하루 중 점심 때만 700잔의 카푸치노를 판매한다. 브로드게이트 중심부에서 시작한 이동식 커피 가판대도 성공적으로 운영되고 있어서 하루에 1,000잔 정도의 카푸치노를 판매한다. 한편 영국에서 홍차와 커피 소모량의 격차는 꾸준히 줄어들고 있다. 빻은 커피는 영국 음료 시장에서 가장 급속하게 부상하고 있다. 영국 시장은 커피 시장에 막대한 잠재력을 지니고 있다. 또한 이러한 컨셉이 미국 시장에서 엄청난 성공을 거두고 있다는 점을 감안할 때 자바 익스프레스는 단지 평범한 커피 전문점이 아닌 영국의 주도적인 에스프레소 전문점으로 자리매김할 수 있을 것이다.

현재 시장에 나와 있는 음식점이나 커피 전문점에서도 즉각 다양한 종류의 에스프레소 음료를 출시하기로 결정할 수 있을 것이다. 그러나 자바 익스프레스가 이미 다양한 커피 메뉴를 갖추고 있는 경쟁 업체와 구별되는 점은 특유한 '패키지'의 제공이라 할 수 있다. 이 패키지는 회사 전략의 모든 요소를 결합한 것으로 고객에게 색다른 체험을 제공함으로써 고객 충성도를 부양시킬 것이다.

자바 익스프레스만의 다섯 가지 판매 핵심을 제시해 보았다. 이를 통해서 자바 익스프레스는 다른 경쟁 업체와 구별되면서 고객 충성도를 키울 수 있고 미국에서 그랬듯 에스프레소 전문점이 지나치게 확산되면서 발생하는 문제로부터 보호받을 수 있다.

1. 고품질 커피 제공
2. 탁월한 고객 서비스
3. 특유한 상품화 계획 및 마케팅
4. 접근이 편리한 매장 위치
5. 독특한 매장 디자인과 분위기

본회사의 경영진은 이 사업을 수행하는 데 필요한 기술과 경험을 완벽히 갖추고 있다.

단기적으로는 이 컨셉을 처음 소매업에 적용할 때 면적이 300평방피트(약 8.4평) 이하인 매장에 적용하려 한다. 그러나 장기적으로는 규모에 따른 운영과 마케팅의 경제성을 고려하고 있다. 또한 강력한 브랜드 아이덴티티를 창출하기 위해서 기존 시장뿐만 아니라 새로운 시장에서 공격적인 팽창 전략을 펼칠 목표를 갖고 있다.

II. 사업 진행

A. 사업 컨셉 개요와 전략

자바 익스프레스는 특제 커피 전문점으로 도시에서 접근이 편리한 위치에 자리 잡으며 다양하고 새로운 이탈리아식 커피 음료를 선보인다. 자바 익스프레스는 특제 커피 음료를 즐기고 커피 마시는 일 자체를 목적으로 하는 상황을 창조하여 고객에게 '새로운 커피 체험'을 제공한다. 자바 익스프레스는 영국에 현존하는 어떤 커피 전문점과도 다르다. 자바 익스프레스는 시애틀에서 시작되어 현재 미국 전역으로 급속하게 확산되고 있는 특제 에스프레소 전문점 컨셉에 근간을 두고 있다. 이러한 전문점은 전통적인 음식점과 카페와는 상당한 차이가 있다. 즉 커피에만 주력하여 카페 라떼, 카페 모카, 카페 마키아또 등과 같은 다양한 고품질 에스프레소 혼합음료를 판매한다.

사업 초기에는 이 컨셉을 면적이 300평방 피트 이하인 매장에 적용하는 것을 목표로 한다. 중기 목표는 런던과 기타 영국의 주요 도시에서 공격적인 팽창 전략으로 강력한 브랜드 아이덴티티를 창출하는 것이다. 장기 목표는 영국의 주도적 에스프레소 전문점으로 자리매김하는 것이다.

현재 시장에 있는 음식점이나 커피 전문점에서도 즉각 다양한 종류의 에스프레소 음료를 출시하기로 결정할 수 있다. 그러나 자바 익스프레스가 이미 광범위한 커피 메뉴를 갖추고 있는 '아로마' 등과 같은 경쟁 업체와 구별되는 점은 특유한 '패키지'의 제공이다. 이 패키지는 회사 전략의 모든 요소를 결합한 것으로 고객에게 진정으로 새롭고도 고유한 체험을 제공하여 고객 충성도를 부양할 것이다.

다음은 자바 익스프레스만의 판매 핵심으로 다른 경쟁 업체와 차별성을 지닐 것이며 고객을 만족시킬 것이다.

고품질 커피 제공

자바 익스프레스는 최상의 품질을 가진 커피를 제공하는 데 전력을 기울인다. 회사의 제품은 급속하게 변화하는 사업 환경 속에서 고품질 커피를 선호하는 고객의 필요를 충족시킬 것이다. 커피 블렌드 제조 방법은 물론이고 부수적인 음식 또한 항상 경쟁 업체보다 우수하고 독특한 제품을 제공한다는 목표에 따라 개발된다. 자바 익스프레스는 판매가 커피 중심으로 이루어지기는 하지만 고객의 내점 횟수를 증가시키기 위해서 부수적으로 다른 제품도 판매할 것이다.

고객 서비스

긍정적이고 진취적인 고객 서비스 방법을 개발해서 고객이 자바 익스프레스를 찾을 때마다 유쾌한 기분을 느낄 수 있도록 하는 것이 목표이다. 특제 커피 전문점 컨셉이 영국에서는 새로운 것이기 때문에 고객이 매장을 다시 찾게끔 하는 것이 중요하다. 그러므로 종업원과 고객 사이의 긍정적인 상호 작용이 사업 성공의 결정적 요소이다. 종업원은 다양한 메뉴를 설명하여 고객이 음료를 선택할 수 있게 하는 매우 중요한 역할을 수행한다. 회사는 종업원 훈련과 인사 개발, 이익 분배 보상금 등을 강조할 것이며 탁월한 고객 서비스에 헌신할 수 있는 자질 있고 적극적인 종업원을 고용할 것이다.

상품화 계획 및 마케팅

판매 제품의 품질에 중점을 둔 독특한 브랜드 이미지를 창출하고 강화하도록 상품화 계획과 마케팅 전략을 수립해 공격적으로 실행한다. 또한 혁신적인 제품 설명회를 개최하고 포장, 광고지 등에 자바 익스프레스 로고를 광범위하게 사용한다. 또한 종업원은 고객에게 다양한 종류의 독창적인 마케팅으로 접근한다. 예를 들어 '오늘의 에스프레소' 무료 시식, 단골 고객 카드, 커피에 대한 교육 자료, 다채로운 광고 포스터와 티셔츠 등으로 다양하게 마케팅할 수 있다.

매장 위치

고객을 끌어들이는 데는 접근성이 결정적 요소이기 때문에 매장 선정의
주요 척도는 위치이다. 본회사의 위치 선정 전략은 상업 지역에 있으면서
교통량이 많고 눈에 잘 띄는 곳에 매장을 여는 것이며 '막스앤스펜서'나
'부츠' 등과 같이 다른 음식을 판매하는 매장과 가까우면 더욱 바람직하다.

매장 설계 · 매장 분위기

자바 익스프레스는 미국 에스프레소 전문점의 형태로 설계된다. 바닥부
터 천장까지 창문을 만들어서 단순하고 깨끗하며 세련된 스타일, 안락함,
포근함, 환경에 대한 배려 등을 느낄 수 있도록 한다. 자바 익스프레스는
격의 없으면서 고객을 반기는 분위기로 꾸민다. 벽을 둘러서 입석 카운터
를 만들고 좌석의 수는 제한한다. 독특한 매장 설계와 장식은 시각적으로
자바 익스프레스와 경쟁 업체 간의 차이점을 두드러지게 할 뿐만 아니라
자바 익스프레스의 브랜드 이미지를 강화한다.

B. 제품 판매

메뉴는 주로 커피에 초점을 두고 있지만 부수적으로 다른 종류의 음료
와 커피 케이크, 스낵 등도 판매한다.

1. 커피 음료

자바 익스프레스는 이탈리아식 에스프레소 음료를 판매한다. 종류로는
에스프레소, 카페 라떼, 카페 모카, 카페 마키아또가 있고 카페인 함유 음
료와 카페인 비함유 음료 중에서 선택할 수 있다. 이상의 커피 음료는 에스
프레소에 스팀 밀크나 우유 거품, 초콜릿, 향신료, 휘핑크림 등을 혼합해서
만든다. 이때 혼합하는 양은 주문한 음료의 종류와 고객의 특별 주문에 따
라서 달라진다. 우유는 고객 개개인의 취향에 따라 전지우유, 반 탈지우유,

탈지우유 중에서 선택할 수 있게 한다. 따뜻한 계절에도 판매고를 꾸준히 유지하기 위해서 각종 아이스 에스프레소 메뉴도 제공한다.

고객은 자신의 취향에 따라 스스로 바닐라, 코코아, 계핏가루 등을 첨가할 수 있고 설탕이나 꿀을 사용할 수 있다.

2. 기타 음료
자바 익스프레스는 다음과 같은 음료도 취급한다.
1. 홍차: 일반 홍차, 이국적인 향의 홍차, 과일향 홍차
2. 신선한 과일 주스: 오렌지 주스와 자몽 주스
3. 광천수: 탄산소다를 함유하고 있는 광천수와 일반 광천수

3. 케이크와 스낵
자바 익스프레스는 다양한 종류의 고급 페이스트리를 판매한다. 여기에는 막대 케이크, 머핀, 크루아상, 크림치즈를 곁들인 베이글 등이 포함된다. 건강을 생각하는 고객들을 위한 무지방 저칼로리 머핀과 케이크도 판매한다.

C. 가격 책정

자바 익스프레스는 고품질 커피와 수준 높은 고객 서비스를 제공한다. 이에 따라 자사의 커피와 기타 제품의 가격을 최고급 커피에 적절한 수준으로 책정한다.

· 카푸치노	1.20파운드
· 에스프레소	1.00파운드
· 홍차	0.60파운드
· 주스	1.00파운드
· 케이크 한 조각	1.00파운드

미국 내 에스프레소 전문점에서는 카푸치노 한 잔에 1.89달러라는 상대적으로 높은 가격을 책정하고 있지만 자사에서는 일반 카푸치노의 가격을 위에서 제시한 금액보다 높게 책정할 수는 없다고 생각한다. 여기에는 두 가지 이유가 있다. 첫째, 미국 시장은 영국 시장과 달라서 커피를 전문 매장에서 구매하는 것을 특권으로 알고 기꺼이 비싼 금액을 지불하기 때문이다. 둘째, 본사의 전형적인 타겟은 주머니 사정을 생각하는 사무직 종사자이기 때문이다.

수익을 더 내기 위해 바리스타를 교육시켜서 기본 음료에 새로운 혼합물을 추가하거나 양을 추가하도록 고객을 적극적으로 유도하게 한다. 에스프레소 샷 추가, 향신료 추가, 휘핑크림 얹기 등이 그 예이다. 자사의 기본 음료 가격이 경쟁력 있는 편이기는 하지만 이렇게 추가하면 판매 이윤이 증가한다.

D. 상품화 계획 및 마케팅

본회사의 마케팅 전략은 브랜드 인지도를 창출하고, 판매할 음료를 고객에게 설명해서 구매를 유도하며, 고품질 커피와 친근한 서비스를 통해서 긍정적인 체험을 강화하여 반복 구매를 촉진하는 것이다.
다음은 자바 익스프레스의 마케팅 세부 아이디어다.

· 무료 시식의 기회를 만들어서 이 기회가 아니면 고객이 선택하지 않았을 음료를 맛보게 한다.
· 한 잔 가격으로 두 잔을 마실 수 있는 카드를 발급해서 매장을 여러 번 찾도록 유도한다. 단 이 카드는 하루에 한 번만 사용할 수 있다.
· 단골 고객 카드 발급. 열 개 단위 스탬프 카드를 발급해서 커피를 구매할 때마다 스탬프를 찍어 준다. 카드의 스탬프 난을 다 채우면 무료

커피를 제공한다.
· 커피의 품질, 커피가 주는 이익, 다양한 종류의 에스프레소 음료 등에
  대한 내용을 담은 홍보 자료(포스터나 전단)
· 종업원의 진취적인 서비스와 마케팅. 종업원에게 음료 제조법과 바람
  직한 고객 서비스에 대해 교육하고 훈련시킨다. 종업원은 자바 익스
  프레스의 고유한 판매 컨셉을 명확히 파악하고 능동적으로 판매 촉진
  에 임하면서 이러한 열정을 고객에게 전달한다.
· 인근 사무실로 무료 배달.
· 자바 익스프레스 매장의 창문, 차양, 벽 등에 로고를 새겨서 매장 자
  체가 광고판 역할을 하게 한다.

자바 익스프레스의 상품화 전략 가운데 또 다른 결정적 요소는 고급 컵
을 사용하여 브랜드 독창성을 제시하는 것이다. 이 컵은 일반적인 샌드위
치 전문점에서 제공하는 폴리스티렌 컵보다 품질 면에서 월등하다. 견고하
고 실용적인 동시에 회사의 로고가 인쇄되어 있다. 미국 커피 전문점에서
제공하는 컵과 같은 것으로 동일한 회사에서 제작된 제품을 공급받을 예정
이다. 뚜껑을 벗기지 않은 채로 커피를 흘리지 않으면서 마실 수 있다. 회
사의 브랜드 이미지를 창출하고 경쟁 업체와 차별성을 강조하는 데 이 컵
이 중요한 역할을 할 것이다.
한편 입소문과 보행자 통행량이 수익을 창출하기 위한 주요 요건이 될
것이다.

E. 고객 서비스

자바 익스프레스는 유능한 종업원을 고용하고 훈련시킬 것이며 그들에
게 동기를 부여함으로써 고객에게 열성적인 서비스를 제공하게 한다. 종업
원에게 자신의 서비스가 고객 만족에 미치는 영향력을 충분히 이해하게 할

것이다. 미국화된 고객 서비스와 종업원의 태도는 자바 익스프레스를 다른 경쟁 업체와 구별짓고 브랜드 이미지를 구축하는 중요한 요소이다.

모든 종업원은 커피 및 음료 조제법에 대해 교육을 받는다. 또한 커피 전문점의 컨셉을 고객에게 알리는 역할을 맡아서 고객의 음료 선택을 돕고 새로운 음료를 열성적으로 추천하여 새로운 커피 문화를 이룰 것이다. 특히 다양한 종류의 에스프레소 음료는 물론, 우유 종류를 선택하는 등 고객의 개인적인 필요에 맞추는 서비스가 영국에서는 아직 낯설기 때문에 종업원의 역할은 매우 중요하다.

모든 종업원은 유행에 맞는 밝은 분위기의 유니폼을 입는다. 이때 청결하고 건강한 느낌을 주어야 하는 것은 기본이다. 우선 회사 로고가 들어간 산뜻한 티셔츠와 청바지를 입는다.

F. 매장 설계

자바 익스프레스는 미국 에스프레소 전문점의 형태로 설계된다. 바닥부터 천장까지 창문을 만들어서 단순하고 깨끗하며 세련된 스타일, 안락함, 포근함, 환경에 대한 배려 등을 고객이 느낄 수 있게 한다. 자바 익스프레스는 격의 없으면서 환영하는 분위기를 유지한 채 많은 수의 고객을 수용할 수 있다. 벽을 둘러서 입석 카운터를 만들고 좌석의 수는 제한한다. 독특한 매장 설계와 장식은 시각적으로 자바 익스프레스와 경쟁 업체 간의 차이점을 두드러지게 할 뿐만 아니라 자바 익스프레스의 브랜드 이미지를 강화한다.

본사는 매장 설계와 설비 비용을 산출하기 위해서 하우스햄 핸더슨 설계 사무소와 계약을 체결했다.

G. 매장 위치 선정

자바 익스프레스는 고객이 커피를 구매하기 위해서 두 블록 이상을 걷지 않게 하고자 한다. 그러기 위해 교통량이 많고 눈에 잘 띄는 곳에 매장을 연다. 상업 지역이거나 인구 밀도가 높은 지역이 이상적인 장소이다. 대형 매장 하나를 두어서 고객이 커피를 구매하려면 우회해야 하는 것보다는 근거리에 작은 매장을 여럿 두는 방안이 더 바람직하다.

자바 익스프레스는 특별한 장소 선정 기준을 가지고 있다. 혼잡한 지하철역 근처나 지하철역에서 뻗어 나온 길에서 인접한 장소를 선호한다. 그렇지 않다면 막스앤스펜서나 부츠 등과 같은 대형 소매점 근처에 위치해야 한다.

잠재적인 매장의 위치가 적절한지 평가할 때엔 매장 반경 두 블록 안의 지역을 검토한다. 고객의 대다수는 일반적으로 매장 반경 두 블록 안에서 형성된다. 또한 이는 각 자바 익스프레스 매장의 시장 범위를 의미한다.

해당 지역 내에 있는 모든 경쟁 업체에 대한 정보를 수집한다. 그 지역에서 자바 익스프레스가 지배적인 위치를 차지할 능력이 있는지 평가한 다음 경쟁 업체에 대해 진입 장벽을 만든다. 또한 보행인 수에 대한 정보를 수집하고 이 정보를 토대로 판매를 기획한다.

H. 매장 운영과 관리

각 매장에는 상근 매니저 한 명과 시간제 종업원 두 명을 배치한다. 한편에서는 주문을 받는 동시에 수납을 하고, 다른 편에서는 커피를 만들 수 있도록 하기 위해 두 명의 종업원이 필요하리라고 예측한다.

모든 종업원은 자바 익스프레스 유니폼을 입어야 한다.

영업 시간은 월요일에서 금요일, 오전 7시부터 오후 6시까지이다.

III. 시장 조사

자바 익스프레스 컨셉이 적용되는 시장을 연구하기 위해 다음 두 시장을 조사했다.

1) 패스트푸드 시장
2) 영국 커피 시장

1) 패스트푸드 시장

자바 익스프레스는 패스트푸드 시장의 범주에 속한다. 패스트푸드 시장 내의 일반적인 동향과 최근 변화를 분석해 보면 자바 익스프레스 컨셉이 정착하기에 긍정적인 토양이 형성되고 있다. 이를 요약하자면 다음과 같다.

a. 시장의 규모와 성장 잠재력
b. 새로운 동향과 최근 변화
c. 혁신적인 소규모 사업가를 위한 기회
d. 커피 열풍
e. 사람들의 식습관 변화

a. 시장의 규모와 성장 잠재력

영국의 패스트푸드 시장은 자국 소비자 케이터링 시장에서 1993년 34%의 점유율을 기록하면서 총매출이 47억 파운드에 이를 정도로 높은 비중을 차지하고 있다. 1988년에서 1993년에 이르는 기간 동안 시장 규모가 32% 증가했다. 영국의 패스트푸드 시장의 전망은 매우 밝다. 또한 편리하게 먹을 수 있는 음식을 선호하는 경향이 강해지고 전반적인 소득 수준의 상승으로 외식 문화가 증대되는 추세이므로 성장 가능성이 높을 것으로 기대된다. 패스트푸드 영역은 4%의 성장률을 기록하면서 1993년의 총매출 47억 파운드에서 1998년에는 57억 파운드까지 상승할 것으로 예측된다.

　자바 익스프레스는 패스트푸드 시장 중에서도 샌드위치 영역에서 사업을 실행할 방법을 모색한다. 일반적으로 런던에서 사람들이 커피를 사는 곳은 샌드위치 전문점이다. 샌드위치는 패스트푸드 시장에서 32%의 점유율을 갖는 최대 영역으로 1993년 매출이 어림잡아 15억 파운드에 달했다. 이는 점유율 18%의 햄버거와 14%의 피자를 훨씬 앞선 수치이다. 영국 샌드위치 협회에 따르면 일주일에 4000만 개 이상의 샌드위치가 판매되고 있으며 런던 시장에서만 대략 3억 5000만 파운드의 매출을 기록하고 있다. 매일 샌드위치 전문점을 드나드는 고객의 수는 맥도널드, 버거킹, 피자헛, 피자랜드의 고객을 모두 합친 수보다 더 많다.

b. 샌드위치 영역의 동향과 최근 변화
　샌드위치 영역은 커피를 포함하는 음료도 판매하는 전통적인 이탈리아식 샌드위치 전문점이 오랫동안 지배해 왔다. 런던에만 독립적인 샌드위치 전문점이 3,000개가 넘는다. 그러나 지난 오 년 동안 시장에 새로운 바람이 불고 있다. 부츠와 막스앤스펜서 등과 같은 사업체가 샌드위치 사업에서 선풍적인 성공을 거두면서 전통적인 이탈리아식 샌드위치 전문점의 위상이 흔들리기 시작했다. 무어게이트에 위치한 막스앤스펜서 샌드위치 매장의 일 년 평균 샌드위치 매출액은 350만 파운드에 달한다.

　위와 같은 시장 동향은 자바 익스프레스에 상당히 긍정적인 영향을 미칠 것이다. 부츠와 막스앤스펜서 등과 같은 복합 식품점은 커피를 포함하여 그 밖의 더운 음료를 판매하지 않기 때문에 많은 고객이 커피를 구매하기 위해서 다른 상점을 찾아야 하는 실정이다. 이 고객들은 특제 커피 전문점을 선호할 것이며 음식을 함께 판매하는 장소에서 커피만 사기 위해서 줄을 서는 일은 피하려고 할 것이다. 이것이 바로 자바 익스프레스가 공략하고자 하는 틈새시장이다.

c. 혁신적인 소규모 사업가를 위한 기회

최근 패스트푸드 시장에 등장한 한 신종 사업체가 엄청난 성공을 거두고 있다. 바로 프레타망제가 그 주인공이다. 프레타망제는 지난 4년 동안 27개 매장을 열었고 총매출액은 1000만 파운드로 2년 만에 두 배로 증가했다. 프레타망제는 1990년 홀본에 첫 매장을 개업하면서 10만 파운드의 은행 대출을 받았다. 6개월 만에 손익분기점에 도달하고 5년 만에 대출금을 상환할 것으로 예상하나 놀랍게도 사업을 시작한 지 사흘 만에 손익분기점을 통과했으며 15개월 만에 대출금 전액을 상환할 수 있었다. 그때 이후로 은행 대출을 열네 차례 더 받았지만 그때마다 계획보다 훨씬 빨리 대출금을 상환했다.

프레타망제의 성공은 두 가지 면에서 자바 익스프레스에 유리하다. 첫째, 프레타망제의 존재는 전통적인 샌드위치 전문점에 계속해서 치명적인 위협이 되고 있다. 둘째, 프레타망제의 빠른 팽창은 시장의 급속한 성장을 나타내는 것으로 혁신적인 소규모 사업가를 위한 시장이 남아 있다는 것을 의미한다.

고려해야 할 중요한 요소가 또 하나 있다. 전통적인 샌드위치 전문점의 시장 점유율이 하향 추세에 있음에도 실질적인 매출액은 감소하지 않고 있다는 것이다. 이 시장의 거대한 잠재력을 나타내는 현상이다.

d. 커피 열풍

《인디펜던트》신문은 최근 "영국이 아라비아 커피를 맛보는 즐거움을 재발견하다."라는 표제 아래 영국의 커피 열풍과 커피 동호회의 부상 등에 관한 기사를 실었다. 《파이낸셜타임스》는 이동식 커피 가판대의 프랜차이즈화 잠재력에 대해 언급했다. 《타임아웃》은 시애틀식 혼합 커피 음료에 대한 기사를 실었다. 이와 같이 언론에서 보이는 관심은 다음에서 열거하고 있는 특제 커피 전문점의 성공과 맥을 같이한다.

커피만을 판매하는 최대 체인점으로는 정평 있는 커피 공급 업체인 코스타 브러더스가 운영하는 코스타 커피 부티크가 있다. 코스타는 런던에 열네 개 매장을 가지고 있는데 주로 지하철역과 철도역에 있으며 모든 공항에 확고하게 자리를 잡고 있다. 리버풀스트리트에 있는 코스타 커피는 매일 점심 때만 평균 700~800잔 정도의 커피를 판매하고 있다.

커피에 좀 더 주력하고 있는 새로운 음식/샌드위치 체인인 아로마 또한 지난 몇 년 동안 다섯 개 매장을 운영하면서 성공을 거두고 있다. 아로마는 서점 내에 커피 전문점을 두는 최근 미국의 추세를 따라서 샤링크로스에 있는 서점 내에 지점을 개업했다.

에스프레소 아 라 카르트는 시애틀의 이동식 에스프레소 가판대 컨셉을 런던에 도입했다. 현재 브로드게이트와 빅토리아 역에서 영업을 하고 있는데, 특히 브로드게이트에 있는 세 가판대에서 하루에 1,000잔가량의 에스프레소 음료를 판매하고 있다.

e. 식습관의 변화
시장 보고서에 따르면 식사 사이에 간단하게 끼니를 해결하거나 간식을 먹는 것이 일반적인 추세가 되고 있다. 가족이 함께하는 식사 시간이 점점 사라지면서 간편한 음식에 대한 요구가 증가하고 있다.
또한 이 보고서는 패스트푸드를 즐기는 사람들이 건강에 신경을 쓰는 추세에 대해서도 언급하고 있다.

2) 영국 커피 시장

우리는 커피 음료의 판매량보다는 소매 커피 판매량이 소비자의 취향을 가장 정확하게 표현하는 척도라고 생각한다.
커피는 전 세계적으로 원유 다음 가는 수출량을 기록하고 있는 품목이다. 영국은 EC 국가 중에서 일인당 커피 소비량이 가장 적긴 하지만 소비량이 꾸준하게 증가하고 있다. 다른 나라의 커피 소비량과 비교해 볼 때 미래의 성장 가능성을 짐작해 볼 수 있다.

·영국   일 년간 일인당 커피 소비량 2.6kg
·미국   일 년간 일인당 커피 소비량 4.3kg
·프랑스   일 년간 일인당 커피 소비량 5.7kg
·핀란드   일 년간 일인당 커피 소비량 13.3kg
(국제 커피 협회 보고서에서 인용한 수치임)

커피 소비는 인스턴트 커피와 원두 커피의 두 가지 영역으로 나뉜다. 영국 커피 소비의 90%는 인스턴트 커피가 차지한다. 영국의 일인당 원두 커피 소비량은 0.4kg으로 EC 국가 중 최저이다. 이는 일인당 원두 커피 소비량이 4.4kg으로 인구의 90%가 원두 커피를 마시는 프랑스와 대조적이다. 핀란드의 일인당 원두 커피 소비량은 10kg에 달한다.

그러나 수치는 낮더라도 영국의 커피 매출량은 매년 3% 정도 꾸준히 증가하는 등 상승 추세에 있다. 아직까지는 홍차가 대표 음료이기는 하지만 홍차와 커피의 소비 격차는 꾸준히 감소하고 있다.

영국의 커피 소비량이 증가한 것은 원두 커피 시장이 원인이었다. 오히려 인스턴트 커피의 매출은 정체 상태에 있다. 원두 커피 영역은 음료 시장에서 급부상하고 있다. 활발한 시장성으로 유럽의 여러 회사가 관심을 가지고 있으며 이는 영국 원두 커피 시장의 성장 가능성을 다시 한번 입증하는 현상이라 할 수 있다.

커피 시장은 외국 여행 횟수의 증가에 영향을 받는다. 영국인은 커피의 질에 대해 더욱 관심을 기울이고 있다. 이러한 추세는 최상급 품질을 가진 아라비아 커피 원두의 수입은 증가하고 품질이 떨어지는 로버스타 커피 원두 수입은 감소했다는 사실로도 짐작할 수 있다.

런던의 커피 소비량은 영국 전체 원두 커피 소비량의 25%, 전체 에스프레소 소비량의 40%를 차지한다. 그리고 커피 소비량의 63%는 가정이 아닌 직장에서 소비된다.

원두 커피 소비량의 증가 추세는 최근 홍차 및 커피 소매점인 '위타즈'의 성공을 보아서도 알 수 있다. 매장이 셋에 불과했던 위타즈는 사 년 만에 매장을 서른두 개나 보유한 업체로 발전했고 700만 파운드에 달하는 총매출액을 기록했다.

IV. 타겟

자바 익스프레스의 타겟은 사무직 종사자로, 연령대와 수입 수준은 폭넓다. 그들은 시간을 소중하게 생각하는 사람들로 일반적인 음식점이나 샌드위치 전문점에서 맛볼 수 있는 커피보다 품질 높은 커피를 음미할 줄 안다. 매장은 사무직 종사자들이 아침에 출근할 때나 점심 시간에 혹은 볼일을 보러 나온 길에 쉽게 들를 수 있는 장소에 있어야 한다.

대다수의 고객이 일주일에 한 번 이상 매장에 들르는 등 반복 구매 고객의 비율이 높을 것으로 예측된다.

고객의 75%가 제품을 주문해서 가지고 나갈 것으로 예측한다. 이 수치는 프레타망제의 고객 중에서 25%만이 매장에 머문다는 통계로도 입증되었다.

자바 익스프레스는 건강과 체중을 의식하는 고객을 겨냥하여 탈지우유와 건강에 좋은 무지방 머핀 또한 판매한다.

한편 환경 문제에 관심을 가진 고객을 공략하기 위해서 매장 설계와 포장에 신경을 쓴다.

V. 경쟁 업체

특제 커피 전문점 시장에서 경쟁력을 갖출 수 있는 주요 요소는 제품의 품질, 서비스, 브랜드 인식도, 매장 위치 등이다.

자바 익스프레스는 모든 음식점과 샌드위치 전문점, 커피를 판매하는 음료 매장 등과 경쟁한다. 각 매장이 경쟁하게 될 시장을 평가할 때는 매장 반경 두 블록 내의 지역을 대상으로 조사한다.

현재 런던의 패스트푸드 아침/점심 시장에서 자바 익스프레스의 경쟁 업체는 다음과 같다.

1. 전통적인 음식점과 샌드위치 전문점
사무실 매점과 일반 음식점

2. 새로운 컨셉의 음식점과 샌드위치 전문점
프레타망제
크루아상 익스프레스와 크루아상 숍

3. 특제 커피 전문점
코스타 커피 부티크
아로마
에스프레소 아 라 카르트

4. 잠재적인 경쟁 업체
미국에서 특제 커피 전문점이 성장을 거듭하고 있기 때문에 미국과 동일한 사업의 성공 기회를 인식한 사람들이 영국의 미개척 시장에 관심을 기울이고 있다. 자바 익스프레스는 미국의 주요 회사가 영국 시장에 침투하기 전에 영국의 주도적인 에스프레소 전문점이라는 이미지를 확립할 계획이다.

VI. 경영 계획

본경영진은 다음과 같은 기술과 경험을 제공한다.

a) 전문성(아래의 경력 참조)
b) 에스프레소 전문점은 미국식 컨셉이므로 영국 시장에 맞게 적용되어
   야 한다. 영국과 미국 문화를 모두 경험한 경영진이 두 문화의 사다
   리 역할을 할 수 있다.
c) 재정, 경영, 사업 및 법률에 대한 지식
d) 미국 에스프레소 전문점 시장과의 광범위한 접촉
e) 진취성, 야심, 결단력, 성실성 등을 포함하는 개인적인 특성

사하 하셰미(Sahar Hashemi)
나이 27세. 명망 있는 법률 사무소에서 변호사로 오 년간 근무하면서 회사법과 상법 분야에서 경험을 쌓았다. 수년 동안 세계 주요 도시에서 일하면서 에스프레소 시장의 필요성을 직접 경험했다.
사하 하셰미는 본회사의 마케팅, 운영, 법률적 문제, 장소와 임대 계약 등을 총괄한다.

바백 하셰미(Babak Hashemi)
나이 31세. 뉴욕 소재 리먼브러더스에서 근무한 경험을 가지고 있는 투자은행가이다. 미국 다트머스 대학에서 경영학 석사 학위를 취득했고 투자은행업에서 획득한 재정 기술뿐만 아니라 강력한 경영과 사업 기술을 소유하고 있다. 경영학 석사 학위를 취득하기 전에는 IBM과 GE에서 엔지니어로 교육을 받았고 뒤이어 뉴욕 소재 울트라마 PLC에 근무하면서 재정과 전략 수립에 관한 경력을 쌓았다.
바백 하셰미는 재무, 예산, 회계, 현금 관리 등 본회사의 전반적인 재정 문제를 총괄한다.

우리는 또한 한 에스프레소 전문 체인점의 대표이사이자 설립자인 분과 밀접한 관계를 맺고 있다. 이스트코스트에 본사를 두고 2년 내에 20개 매장을 열면서 확장을 거듭하고 있는 이 체인점의 대표이사는 성공적인 사업 운영 경험을 무제한으로 본회사에 제공하고 있다. 이러한 관계는 사업에 매우 귀중한 자산이 될 것이다.

본경영진은 새로운 사업에 착수하면서 시장 조사의 일환으로 뉴욕을 두 번 방문해서 뉴욕 에스프레소 전문점을 여러 곳 둘러보았다.

사하 하셰미와 바백 하셰미 모두 음식 소매업 영역에서 일한 경험이 없다. 그러므로 매장은 상당 기간 커피 전문점에서 일한 경험이 있는 상근 매니저에 의해 운영될 것이다.

시간제 종업원을 고용할 때는 커피 기계를 다루어 본 경험과 자바 익스프레스 컨셉에 대한 열정을 평가 기준으로 삼아 결정한다. 매장의 규모와 통행량에 따라 한두 명의 시간제 종업원을 고용할 예정이다. 모든 종업원은 이틀에 걸친 커피 교육 과정을 밟아야 한다.

본경영진은 고급 인력을 수용하며 그들에게 동기를 부여하여 보다 많은 이윤을 창출할 것이다. 매장 매니저에게 이익을 분배함으로써 회사의 수익과 성공을 달성하는 데 동업자 역할을 담당하게 할 계획이다.

VII. 재정 계획

자본 비용

약 250평방피트 면적의 소매 공간을 임대할 예정이다.

- 임대 비용　2만 9500파운드(임대 보증금 2만 5000파운드 포함)
- 매장 설계　2만 4875파운드
- 커피 기계　4982파운드
- 장비　　　2376파운드
- 총계　　　6만 2833파운드

첫해 운영 현금 유동 수지를 위해 1만 5000파운드의 영업 자본을 추가로 확보해야 한다. 이 영업 자본은 첫해 동안 꾸준히 감소해서 두 번째 해부터는 더 이상 필요하지 않게 될 것이다.

판매

다음 매출 수치는 한 에스프레소 전문점의 일 년 매출을 기초로 예측한 것이다. 하루에 약 200명의 고객이 내점한다고 가정해 첫 달 매출을 예측한다. 내점 고객의 수는 6개월 동안 꾸준히 증가해서 안정적으로 하루에 500명을 기록하고, 결과적으로 연중 평균 하루 413명, 평방피트당 523파운드의 매출을 예상하고 있다. 두 번째 해에는 평균 내점 고객이 하루 600명을 초과할 것으로 예상된다.

조사한 결과 런던 소재 이탈리아식 샌드위치 점은 하루 평균 500~600잔의 카푸치노를 판매한다. 코번트 가든에 있는 '폰티스'는 커피 전문점이 아닌 일반 음식점이지만 토요일 하루만 카푸치노 600잔 정도를 판매한다. 유일한 커피 전문 체인점인 코스타 커피는 무어게이트 지역에서 점심 시간에 매일 700잔의 카푸치노를 판매한다. 브로드게이트 센터에서 영업 중인 이동식 가판대에서는 하루에 1,000잔의 카푸치노를 판매한다.

제품 주문 비율

내점객의 75%는 카푸치노 계통의 음료를, 약 25%는 에스프레소나 홍차를 주문할 것으로 예상된다. 방문객 전체의 30%는 오렌지 주스 등의 시원한 음료나 페이스트리 등을 추가로 주문할 것이다.

봉급

본 경영진은 연봉 1만 5000파운드에 경험을 갖춘 상근 매장 매니저를, 시간당 4파운드에 두 명의 시간제 종업원을 고용할 계획이다.

재정적 성과

에스프레소 전문점의 예상 매출은 13만 655파운드, 운영 현금 흐름은 1만 5909파운드, 순 현금 흐름(순이자와 세금)은 7483파운드로 예측된다. 생성되는 운영 현금 흐름은 대략 매달 이자 지불액의 두 배가 된다.

총수익	73%
운영 현금 흐름/판매	12%
운영 현금 흐름/이자	200%
운영 현금 흐름/투자	25%

제5장
자금 조성 단계
거절을 두려워하지 마라!

법칙 32: 첫 번째 중대한 판매는 '자금 조성'이다.

지금까지는 스스로에게 사업의 생존 가능성을 확신시키는 데 집중해 왔다. 아이디어를 조사한 후 사업 계획서를 짜는 작업을 했다. 이제는 새롭게 획득한 자신의 확신을 활용할 차례다. 다른 사람을 설득해서 사업 전망을 알리고 사업 수행에 필요한 재정적 지원을 받아야 할 때이다. 처음으로 아이디어를 판매해야 하는 시점에 도달한 것이다.

쉽지 않을 것이다. 영국 국철 냅킨에 황급히 흘려 썼다는 인터넷 사업 계획서 이야기를 기억하는가? 성공적으로 자금을 조성하고 싶다면 이와는 정반대로 엄청난 노력이 필요하다. 논리정연해야 하고 설득력이 있어야 하고 상당한 끈기가 있어야 한다. '자금 조성 단계'는 진정으로 헌신이 필요한 시기이다. 자금 조성을 시작하려 할 때 생각해 보아야 할 몇 가지 의문점을 제시해 보았다.

자금이 얼마나 필요한가?

사업 계획서를 쓰고 재정 계획을 세우고 나면 사업에 착수하는 데 어느 정도의 자금이 필요한지 윤곽이 드러날 것이다.

자금이 필요한 영역

(1) 첫 번째 커피 전문점의 설치 비용

첫 번째 매장의 임대, 설계, 건축, 개업에 따른 '평생 한 번' 발생하는 비용을 의미한다. 우리는 250평방피트당 6만 4000파운드로 추정했다. 세부 사항은 다음과 같다.

임대 비용:3만 파운드(임대 보증금 2만 5000파운드 포함)

매장 설계:2만 5000파운드

커피 기계와 장비:7,400파운드

기타:1,100파운드

(2) 영업 자본

이 자본은 실제로 고객으로부터 현금을 거두어들이기 전 공급 업체에 현금을 지불하고 종업원의 봉급과 대출 상환금을 지불하는 등 사업을 운영하는 데 필요한 자금이다.

본사업은 고객이 모두 현금을 지불하는 '현금 사업'으로 영업 첫날부터 현금이 들어올 것이다. 상품의 재고도 많이 축적되지 않기 때문에 필요한 영업 자본금이 상대적으로 적다. 계산해 보니 우리는 사업 첫 해 동안 1만 5000파운드의 운영 자본이 필요하다.

그러므로 커피 리퍼블릭의 첫 매장을 개업하는 데는 총 9만 파운드가 필요하다.

이러한 수치는 '전형적인' 경우에 근거하여 산출되었고, 심지어 매장 위치가 정해지지 않은 상태에서 계산되었다. 그러므로 매장 위치가 달라질 때마다 제안서도 달라졌고 표적으로 삼았던 장소를 확보하지 못할 때마다 변경해야 했다.

법칙 33: 보수적인 태도와 야심적인 태도 사이에
　　　　섬세한 균형을 잡아라.
법칙 34: 달성할 수 있는 계획을 수립하라.

자금을 조성할 때에는 보수적인 태도를 취해야 한다. 얼마 지나지 않아 또다시 자금을 조성하게 되지 않도록 주의해야 한다. 동시에 투자가의 관심을 끌 수 있도록 성장 가능성을 제시하면서 사업을 제안하여 필요한 자금을 모을 수 있어야 한다. 중용을 지켜며 자금을 모아야 한다. 무엇보다 실질적인 목표는 '계획을 달성'하는 것임을 기억해야 한다. 사업 계획서에 작성한 내용보다 판매는 증가시키고 비용은 감소시키는 것이 목표다.

자금은 어떻게 조성하는가?

기이한 사실은 대부분의 신참 사업가는 소액의 자금을 필요로 하지만 고액의 자금을 조성하는 일이 실제적으로 더 수월하다는 것이다.

보비는 투자 은행업에 종사하면서 고객을 위해 수백만 파운드의 자금을 모집해 본 경험이 많았다. 자연히 사하는 보비가 힘들지 않게 사업 자금을 조성할 것이라고 생각했지만 수백만 파운드도 모으던 보비가 9만 파운드를 모집하는 데 난감해 하는 것을 보고 놀라지 않을 수 없었다.

법칙 35: 신참 사업의 90퍼센트는 설립자의 용기, 창의성, 신용으로 자금을 모은다.

자금 조성을 무미건조하고 지겹고 힘든 사업적인 문제로 인식하지 말고 마케팅 도전으로 생각해야 한다. 우리는 자금 조성 방법에 대해서 사업가적인 태도를 취하기로 했다. 우선 몇 가지 조사를 실시했다. 우리는 『로이드 TSB 소규모 사업 지침서』 등과 같은 '사업 개시 방법'에 관한 지침서를 훑어보고 관련 문헌도 읽었다. 지침서를 읽으면서 어떤 형태의 자금이 적절한지 결정하는 일부터 해야 한다는 사실을 배웠다. 자금 조성 방법에는 대출(이자를 지불하면서 자금을 빌리는 말 그대로의 은행 대출)이나 지분 분배(투자를 유치하면서 일정 부분의 사업 지분을 주는 것)가 있다. 이두 가지 형태의 자금은 각각 나름대로 장단점이 있다. 보비는 신참 사업가에게는 지분 분배가 대출보다 더 불리하다는 점을 잘 인식하고 있었다. 아직은 사업이 크나큰 가치를 인정받지 못하고 있기 때문에 협상에서 영향력을 발휘하기 힘들고 필요한 자금을 끌어들이기보다는 오히려 남에게 사업체의 몫을 더 많이 주게 되는 결과를 낳을 위험이 있다.

그래서 우리는 중심가에 위치한 은행으로부터 '일반적인' 대출을 받는 것이 최선의 방법이라는 결론을 내렸다.

대출을 받을 때 문제점은 은행에서 대출금에 대한 담보를 요구한다는 점이었다. 우리는 담보로 제공할 수 있는 자산이 없었기 때문에 유일한 방법은 개인 보증뿐이었다. 하지만 개인 보증은 반드시 피하고 싶었다. 사하는 변호사 시절 배웠던 대로 '개인 보증인은 펜을 손에 든 바보'라고 굳게 믿었기 때문이다.

개인 보증을 피하려고 애쓰면서 담보 부족의 문제에 창의적으로 접근한 결과 해결책을 찾았다. 조사를 통해 소기업 대출 보증 계획에 대해서 알게 된 것이다. 담보가 부족해서 일반 대출을 받을 수 없는 신규 사업체를 돕기 위한 계획이었다.

이 계획에 따라서 무역 산업부(DTI)는 대출의 70퍼센트를 보증하는 방법으로 담보를 제공했다. 계획의 세부 사항을 조사한 후에 우리는 대출받을 자격이 있다는 사실을 알게 되었고 크게 안도의 한숨을 쉬었다. 이렇게 담보 문제를 해결한 다음 은행과 접촉했다.

우리는 번화가에 있는 여러 은행에 찾아갔다. 어떤 은행에도 개인적인 연줄이 없었기 때문에 가리지 않고 접촉했다. 같은 은행이라도 각 지점마다 운영 규칙이 다르다는 점을 발견하고는 놀랐다. 어떤 지점에서 대출을 거부당했다 하더라도 다른 지점에서는 다른 대답을 얻을 수도 있다. 대출 담당자마다 대출에 대해 고유한 기준을 가지고 있으므로 거절당하는 것을 두려워하지 않는다면 계속 은행 문을 두드려 볼 필요가 있다.

우리는 로이드, 미들랜드, 냇웨스트, 바클레이, 클라이즈데일,

로열 뱅크 오브 스코틀랜드 등 번화가에 위치한 주요 은행에 무작위로 편지를 썼다. 또한 전화번호 안내국에 전화해서 머릿속에 떠오르는 대로 수많은 은행과 은행 지점 전화번호를 물었다. "미들랜드 은행 하이스트리트 켄싱턴 지점 전화번호는요? 바클레이 은행 플리트스트리트 지점 전화번호는요? 로이드 은행 스트랜드스트리트 지점 전화번호는요?……."

법칙 36: 거절당하고 낙심할 것에 대해 마음의 준비를 하라.

우리는 임의로 접촉했던 지점마다 대출을 거부당했지만 포기하지 않고 다른 지점을 접촉했다.

INSTITUTIONS	SUBMITTED VERSION1 (CASTUMUED INFE5)	VERSION 1.5	VERSION 2	VERSION 3	VERSION 4
COUTTS	BP/FIN 9/FE8				
NATWEST	ES/FIN 14/FE8 BP(+/oFIN) 20/FEB		FIN 27/FEB	11/MARCH	14/MARCH
BARCLAY	BP/FIN 10/FEB		2/3/95 REJECTED		
MIDLAND	BP/FIN 9/FEB	FIN 16/FEB	10/3/95		
CLYDSDALE	ES/FIN 11/FEB NO INTREST 10/FEB				
ROYAL BANK OF SCOTLAND	—	BP/FIN 16/FEB	REJECTED		
LLOYDS	BP/FIN 7/FEB		2/3/95		

FINANCIALS: FIN
BUSINESS PLAN: BP
EXECUTIVE SUMMARY: ES

LOG OF BUSINESS PLAN

이 과정에서 우리가 얻은 것은 무엇이었을까? 스물두 개 지점으로부터 받은 대출 거부 서류 한 무더기였다. 참으로 사기 꺾이는 일이었다. 대출 담당자들은 한결같이 우리의 아이디어가 성공하지 못할 것이라고 말하는 게 아닌가!

송부한 편지와 사업 계획서를 읽고 거절한 은행도 있었고 실제로 만나서 사업 설명을 듣고 거절한 은행도 있었다. 온갖 에너지와 열성을 가지고 사업 설명에 심혈을 기울인 후 대출을 거부당하게 되면 더욱 가슴이 아팠다.

우리가 겪었던 은행 측의 반응을 열거해 보았다. 미래의 사업가가 은행의 냉대에 부딪칠 때 이를 보며 조금이나마 위안이 되기를 바라는 마음이다.

- "영국 사람은 절대 근사한 이름의 커피를 주문하는 법이 없습니다."
- "플리트스트리트에서는 45펜스짜리 카푸치노도 판매하고 있습니다."
- "두 분은 식음료 사업에 경험이 없기 때문에 성공하기 힘듭니다."
- "훌륭한 아이디어입니다만 도와드릴 수가 없습니다."
- "이미 샌드위치 전문점이 지나치게 많습니다."
- "기존 시장에 어떤 제품이나 서비스가 출시되어 있는지 두 분은 완전히 파악하지 못하고 있습니다."
- "영국은 홍차의 나라입니다. 커피는 일시적인 유행에 지나지 않습니다."
- "당신이 추진하려는 사업은 다른 커피 전문점과 별반 다르지 않다고 생각합니다."

_____ 으로부터 전화를 받았어. 거절하는 이유로 다음과 같은 이야 기를 하더군.

1. 대출금이 과다하다.
2. 플리트스트리트의 매장 부지에 가 보았지만 마음에 들지 않았다. 경쟁 업체와 너무 가깝다. 좀 더 거리 위쪽에 위치해야 한다고 생각한다.
3. 플리트스트리트를 돌아다녀 보니 당신네 카푸치노 가격이 지나치게 높 게 책정된 듯하다. 그 근처에는 카푸치노를 45펜스에 판매하는 곳도 있었다.

이런 반응은 결코 놀랍지 않아. 그는 속이 콩알만 한 인간이야. 오늘 오후 프랑스로 떠났다고 하더군. 휴가 기간 동안 다른 일에 신경 쓸 필요가 없 도록 책상을 깨끗이 정리하고 싶단 생각만 하는 것 같았어.

다른 지점에 다시 전화를 해야겠어.

지금은 미들랜드 은행에 보낼 초안을 쓰고 있어. 끝나는 대로 보내 줄게.

아이디어가 거절당하는 것은 자신이 하고자 하는 일이 훌륭한 일이라고 믿을 만한 반증이 된다고 감히 말하고 싶다!

당신이 미지의 영역에서 선구자라는 사실을 결코 잊지 마라. 그렇게 쉽게 할 수 있는 일이라면 다른 사람도 모두 했을 것이다. 사업을 훌륭하게 일구어 내는 것은 정말 쉽지 않은 일이다.

냇웨스트 은행의 서로 다른 지점에서만 세 번을 거절당하고 나서 같은 은행 챈서리 레인 지점의 대출 담당자인 린도프 씨에게 편지를 썼다. 사하는 자신이 챈서리 레인에서 법대를 다녔기 때문에 이 지점이 행운을 가져다줄지도 모른다는 생각을 불현듯 했던 것이다. 어쨌거나 정말 그렇게 되었다! 아니면 우리가 마침내 찾아온 행운의 기회를 놓치지 않으려고 애써 노력했기 때문인지도 모른다.

딱히 정확한 이유는 알 수 없지만 린도프 씨는 우리에게 기회를 주고 싶어 했다. 외모를 보고 판단하지 말라는 옛말은 딱 이 경우에 해당하는 듯하다. 냇웨스트 은행 챈서리 레인 지점은 마치 디킨스 소설에서 막 튀어나온 곳처럼 작고 어둠침침하고 먼지 쌓인 골동품 가게 같은 느낌을 주었다. 린도프 씨는 모범적이면서 창백한 모습을 한 수줍고 조심스러운 사람이었다. 다른 사람들이 모두 거절한 새로운 사업을 지원하리라고는 결코 상상조차 할 수 없는 사람이었다. 사람들이 머릿속에 '은행원' 하면 떠올리는 전형적인 이미지를 소유한 사람이었다!

우리는 린도프 씨에게 사업에 대해 자세히 설명했다. 심지어는 컨셉에 대한 순수한 열정을 느끼게 할 의도로 사하가 뉴욕에서 찍은 사진을 보여 주기까지 했다. 린도프 씨의 태도는 너무나 초연하고 냉담해서 무슨 생각을 하고 있는지 전혀 알 수 없었다. 다만 그의 진지한 태도는 마음에 들었다.

다만 린도프 씨는 우리가 하려는 사업이 성공할 가능성이 없다고 얘기하지 않은 최초의 사람이었다. 그것이 긍정적인 결과가 나올 것임을 알려 주는 표시였을지도 모르겠다. 그는 관심을 가지고 우리의 말을 그저 듣기만 했다.

마침내 3월 27일 린도프 씨는 대출을 승인한다는 답변서를 보냈다.

린도프 씨의 승인을 받음으로써 우리는 최초이면서 가장 결정적인 판매를 달성했다. 커피 리퍼블릭은 설계 도면을 떠나서 실제 세상에 발을 내디딜 준비를 갖추게 된 것이다. 이제 더 이상 커피 리퍼블릭은 우리만의 것이 아니었다.

자금을 조성하기 위해서 우리는 열성, 헌신, 에너지 등 사업가의 길을 걸으면서 이 시점에 도달하기까지 배웠던 모든 기술을 충분히 활용했다. 사업 세계에서는 손익 계산서, 회계 장부 등도 중요하지만 아이디어에 생명을 불어넣고 성공을 확신할 수 있게 해주는 요소는 바로 사업가 자신의 인격이다.

팩스: 3월 27일 오후 2시

준비 완료!!

We're SET !!

제6장

사업 실행 단계
소매를 걷어붙이고 직접 실행에 나서라

자금을 끌어들이는 일이 어렵다고 생각하는가? 그렇다면 어서 공급 업체를 물색해 보라!

· 훌륭한 아이디어를 갖고 있다 해도
· 사업 계획서를 멋지게 작성했다 해도
· 제품을 판매하기 위해 사람들을 끈질기게 설득했다 해도
· 죽을 각오로 자금을 조성하는 데 전력투구했다 해도
· 그래서 이제 은행 구좌에 자금이 확보되어 있다 해도

당신은 아직 사업가가 아니다. 이제 당신 앞에 사업가가 되기 위한 가장 중요한 도전이 놓여 있다. 당신이 수립한 훌륭한 전략을 구체적인 결정과 행동으로 풀어 내야 한다. 그래야 실질적으로 사업을 수행할 수 있게 된다. 설계 도면을 벽돌과 모르타르로 바꾸는 과정이라고나 할까. 이것이 바로 사업 실행 단계이다.

법칙 37: 아이디어의 성공 여부는
사업 실행의 질에 달려 있다.

우리에게는 이 법칙이 첫 번째 커피 전문점의 개업을 의미했다. 놀랍게도 많은 이들이 이 단계에 도달하면 힘든 일은 모두 끝났다는 잘못된 생각을 가지고 사업을 수행한다. 이는 특히 경영학을 공부한 사업가가 빠지기 쉬운 일반적인 함정이기도 하다. 훌륭한 사업 계획서를 작성하고 자금 문제를 해결하는 등 전략적인 단계를 거쳤기 때문에 나머지 일은 저절로 돌아갈 것이라고 생각하기 쉽다. 그러나 사업 실행은 전략 수립만큼이나 중요하다. 아니, 때로는 더 중요하기도 하다.

> **그것이 바로 사업 계획을 다른 사람에게 맡기지 말고
> 스스로 실행에 옮겨야 하는 이유이다.**

사업 계획을 실행에 옮기는 일은 결코 쉽지 않다! 사업 실행 단계는 사업가로서 자신의 진정한 모습을 발견하는 시점이다.

사업가의 이미지를 위대한 발명가 혹은 대담한 위험 감수자로 묘사하는 것은 사실과 전혀 다르다. 현실은 이보다 극적인 요소가 훨씬 적다. 사실 사업가로서의 시작은 평범한 일일 뿐 결코 영웅적인 일은 아니다. 자본도 없고 확실한 기술도 없고 심지어 훌륭한 아이디어조차 없는 사업가도 있

다. 지역 사회의 중요한 인물도 사업가에게 유용하기는커녕 사업가의 존재 조차 인식하지 못한다.

— 로렌스 스타인메츠

　그렇다면 성공한 사업가를 정의하는 요소는 무엇인가? 양질의 초기 조사인가? 아니면 철저한 사업 계획서인가? 대담한 장기 목표의 수립인가? 효과적인 자금 조성과 보유 자본인가? 그 어느 것도 아니다! 성공적인 사업가는 소매를 걷어붙이고 손에 때를 묻히는 사람이다. 사업에 영향을 미치는 모든 세부 사항에 개인적으로 관심을 기울이는 사람이다.

　사업 실행과 전략의 차이점을 에베레스트 등정에 비유한 좋은 예가 있다.

　전형적인 사업 전략은 에베레스트 지도와 유사하다. 에베레스트 정상 등반이 도전의 대상이 되는 이유는 믿을 만한 지도가 부족하기 때문이 아니라 등반 자체가 어렵기 때문이다. 정상에 도달하려면 믿을 만한 지도뿐만 아니라 탁월한 결단력과 인내, 어려운 조건에 부딪쳤을 때의 판단 능력 등이 필요하다.

— 아마 바이드, 『새로운 사업의 기원과 진화 The Origin and Evolution of New Businesses』

　사업 계획서를 통해 사업의 방향을 정한 후에는 전략을 수행할 방법을 생각해야 한다. 이제 아이디어를 스스로 실행해야 하는 이유를 설명하려 한다.

법칙 38: 당신 사업을 경쟁 업체와 차별화시켜라.

당신이 생각해 낸 전략이라면 누구나 복제할 가능성이 있다고
보아야 한다. 사업가는 누구나 예외 없이 자신의 컨셉을 많은 사
람과 나누게 되고 그것은 쉽게 경쟁자의 수중에 들어간다. 그 결
과 대체로 경쟁자들이 동일한 전략을 따른다고 가정할 때 사업의
성공 여부는 대부분 사업 수행의 질에 의해 결정된다. 사업 수행
의 질만은 누구도 복제할 수 없다!

우리는 개시 장벽이 매우 낮은 사업에 뛰어들었다. 누구든지 우
리의 커피 메뉴, 컵, 심지어 디자인까지도 복제할 수 있었고, 실제
로 많은 사람이 그렇게 했다. 그러나 우리 사업은 차별화될 수 있
었다. 지속적으로 고객에게 전달하려 했던 메시지를 고객과 접촉
할 때마다 전달했기 때문이다. 그러므로 우리의 유일한 개시 장벽
은 사업 실행의 질에 있었다. 우수한 질의 사업 실행은 잠재적 경
쟁자에 대항할 수 있는 가장 안전한 보호 수단이다. 당신만의 특
유한 사업 수행의 질은 아무도 복제할 수 없기 때문이다!

법칙 39: 사업을 시작한 이상 남의 말에 흔들리지 마라.
결정을 내리는 것은 당신이다.

당신 사업에 대해 부정적인 견해를 말하는 사람들 사이를 뚫고
나가려면 헌신과 결단력이 필요하다는 점을 기억하라. 사업을 지

원해 줄 것이라고 기대하는 모든 사람들, 즉 공급 업자, 소매 중개인, 종업원, 디자이너, 건축가 등이 사업에 개입되는 단계에 이르면 상황은 오히려 더욱 복잡해질 것이다. 훌륭한 잠재적 아이디어와 자금만 가지고 있으면 이 사람들이 당신의 관심을 끌려고 서로 경쟁하리라 생각할지도 모른다. 그러나…… 틀렸다!

기존 시장 내부의 온갖 세력은 당신의 계획에 대해 상당한 회의를 보일 것이다. 혁신가는 용어 그대로 기존의 질서를 흔드는 사람이고 기존의 질서는 그러한 흔들림을 용납하려 하지 않는다. 다수의 사람들이 당신 아이디어가 성공하지 못할 것이라고 말할 것이므로 이러한 반응에 어느 정도 둔감해질 필요가 있다. 사실 이것은 그래도 운이 따랐을 경우이다. 운이 없다면 사람들은 더욱 퉁명스럽게 당신의 아이디어 자체가 어리석기 짝이 없다고 간단히 뱉어 버릴 것이다. 그런데 당신의 사업이 성공하게 된다면 오히려 그들이 큰 이익을 얻게 된다는 것은 역설이 아닐 수 없다.

우리의 경우, 한 공급 업자는 자신의 기계에 대한 설명은 하지 않고 실패한 커피 사업가와 관련된 눈물나는 얘기만 장황하게 늘어놓았다. 두 시간 동안 줄곧 그 사람으로부터 사기 꺾이는 얘기를 듣고 나자 우리는 그의 전시장 바로 옆에 위치한 런던 다리에서 뛰어내리고 싶은 심정이었다.

우리를 앞에 앉혀 놓고 자신의 본분을 잊은 채 우리의 생각이 정말 잘못되었고 커피 전문점은 결코 성공할 수 없다고 설득하던 사람들이 기억난다. 사실 그중에서도 우리의 사기를 가장 심하게 꺾던 이들은 바로 공급 업자였다. 그들의 태도는 정말로 당혹스러웠다!

풍랑이 이는 미지의 바다를 안전하게 항해할 수 있는 유일한 사람은 바로 당신 자신이다. 사업을 시작한 이상 당신은 '관습에 얽매이지 않는' 사람이어야 한다. 일을 추진하는 데 필요한 결단을 내리고 사업의 초점을 지키는 일은 누구의 몫도 아닌 바로 당신의 몫이다. 손쉽게 다른 사람을 고용해서 대신 발로 뛰는 일을 시킨다면 그들은 앞에 놓인 장애물을 통과하지 못할지도 모른다. 장애물을 뛰어넘으려면 강한 사업적 집념과 난관을 극복하기 위한 결단력이 필요하기 때문이다.

의구심이 든다면 역사 속에서 얼마든지 좋은 예를 찾아볼 수 있다. 천재로 간주되는 사람이나 사업적 가치를 인정받고 있는 제품들은 대부분 초기에는 거절이라는 벽에 부딪쳐야 했다. 포스트잇은 원래 완전히 쓸모없는 제품으로 생각되었다. 폴 매카트니는 학교 합창단 입단을 거부당했다. 예를 들자면 끝도 없을 것이다.

법칙 40: 이미 시장에 나와 있는 자원과 당신에게 필요한 자원 사이의 틈을 채워라.

미지의 시장에 진출해서 말 그대로 혁신적인 일을 할 예정이라면 사업 초기에는 지원해 줄 네트워크가 없을지도 모르고, 설사 존재한다 하더라도 이상적인 형태가 아닐 수도 있다. 그러나 이를 바람직하지 못한 현상으로 볼 수는 없다. 사업이 이미 갖춰진 기존 틀 안에 쉽게 미끄러져 들어간다면 당신의 제품이 전혀 차별성을 갖추지 못하고 있는지도 모르기 때문이다! 시장에 진출했을 때 공급 업체와 정보가 대기해 있다면 경계해야 한다. 틀림없이 누군가가 이미 당신의 아이디어를 활용하고 있다는 증거이기 때문이다.

당신의 아이디어가 새롭고 색다르다고 하자. 그러나 현존하는 공급 업체에서는 지금까지 있어 온 자원만을 공급한다. 그러므로 당신은 기존 시장에 존재하는 자원과 실제로 필요한 자원 사이의 틈을 채울 재주를 갖추어야 한다. 여기에 '창의성'이 개입되어야 하며 이것이 바로 사업가의 주요한 특징이다. 틀에서 벗어나는 사고, 끈기, 설득력 등은 선구적인 사업가가 갖추어야 할 능력이다.

우리의 경우 커피 원두, 커피 기계, 기타 재료를 공급하는 공급 업체가 막강한 네트워크를 구성하고 있었지만 사업에 차별성을 제공할 만한 독특한 품질을 공급받을 수는 없었다. 커피 제조만 두고 보더라도 우리의 컨셉을 위해선 특별한 우유 온도계, 거품을 내는 데 필요한 주전자와 수저 등이 필요했지만 기존 시장에서 공급되는 제품은 만족할 수 없는 수준이었다. 그래서 미국의 통신 판매 카탈로그를 보면서 커피 제조에 필요한 모든 도구를 항공 택배로 주문해야 했다. 정말 비실용적인 일이었다!

그렇다면 최소한 커피 기계는 아무런 문제가 없었을 것이라고 생각할지 모르겠다. 하지만 이것도 마찬가지였다. 커피 기계는 모두 얇은 도자기 컵에 맞추어 제작되었기 때문에 우리 커피 전문점의 그랑데 사이즈와 톨 사이즈의 종이컵에는 맞지 않았다. 컵이 너무 커서 에스프레소 배출구 아래에 들어가지 않았다. 비록 나중에 거대한 이탈리아 브랜드가 마지못해(이를 갈면서) 새로운 방식의 커피 전문점에 필요한 기계를 제작하기는 했지만 처음에는 에스프레소를 작은 잔에 받아서 우리 컵으로 옮겨 담는 번거로운 과정을 거쳐야 했다.

우리가 찾는 물품은 하나같이 시장에서 찾을 수 없거나 있어도 우리가 원하는 것보다 품질이 떨어졌다. 그래서 항상 독창적인 해결책을 생각해 내야 했다.

법칙 41: 신용은 획득하는 것이다. 그렇기에
사업가는 늘 '새로워야 할 책임'을 갖는다.

신용은 나무에서 저절로 자라지 않는다. 소비자의 관심을 얻고 자라는 것이다.

투자가와 은행가는 개인으로서 주목할 만한 모습과 사업 계획서에 근거해서 당신을 판단할지 모르지만 공급 업자, 종업원, 중개인 등 사업 실행 과정에서 만나게 될 자원 제공자는 대가를 지불받을 수 있는지에 대한 증거를 요구한다. 그들은 당신이 청구서를 지불할 능력이 있는지 알고 싶어 한다. 그런데 당신은 이를 증명할 방법이 없다.

자원 제공자에게 당신을 믿어 보라고 설득할 수 있는 유일한 방법은 이 시점에 오기까지 사용했던 모든 사업가적인 특성을 활용하는 것이다. 설득력을 최대한 발휘해서 그들을 감동시켜야 한다. 당신이 설득하려는 사람들은 무엇보다도 당신과 손을 잡으면서 자기 돈을 걸어야 하기 때문이다. 그들은 당신과 거래한 데 따르는 위험성을 알지만 당신은 이에 대해 자신의 능력을 입증할 만한 증거를 제시할 길이 없다. 그러므로 당신은 상상력이 풍부해야 하고 틀에서 벗어난 사고를 해야 한다. 이 일은 정면 돌파해야 한다. 자신의 사업에 다른 사람을 끌어들이는 일을 당신보다 성공적으로 할 수 있는 사람은 없기 때문이다.

우리는 자원 제공자와 거래를 트기 위해서 온갖 시도를 했다. 적당한 사람을 물색하기 위해 많은 사람을 만나 보았다. 몇몇은 자신도 사업가였기 때문에 우리와 거래를 했다. 신참 사업가를 돕는다는 평판을 얻고 싶어 했던 사람도 있었다. 개인으로서의 우리에게 모험을 건 사람도 있었고 거래 자체가 필요했기 때문에 함께 일한 사람도 있었다. 그들에겐 아마 어떤 사업이라도 상관없었을 것이다! 어찌 되었든 우리는 이 문제도 해결할 수 있었다.

법칙 42: 모든 괴로움은 사소한 일에서 발생한다.

사업가에게 "이건 그저 사소한 일이야."란 말은 존재하지 않는다. 이러한 말을 들은 적이 있다는 사실조차 잊어라. 사소한 일이란 없다. 중요하지 않은 일이란 없으며 간과해도 괜찮거나 만일의 경우에 대비해서 남겨 둬도 되는 사소한 일도 없다.

사람들은 하나같이 사업가를 '커다란 그림'을 그리는 인물로 생각한다. 아마도 맞는 말일 것이다. 사업가는 모두 커다란 그림을 본다. 이것이 사업가가 되는 과정의 출발점이기 때문이다. 그러나 성공적인 사업가는 역시 '작은 그림'을 그리는 인물이기도 하다. 그들은 "모든 것은 사소한 일에 달려 있다."라는 말이 내포하는 가치를 믿는다.

이런 방식으로 생각해 보자. 당신의 브랜드는 무엇인가? 어느 날 밤 잠자는 동안 꿈속에 떠오른 아이디어인가? 물론 아니다. 브랜드는 아이디어를 가지고 행동한 결과물이다. 브랜드는 꿈을 현실로 바꾸기 위해서 밟았던 크고 작은 단계가 모인 것이다. 한 브랜드를 구성하는 요소는 수없이 많은 사소한 일들이며 이것이 합해져서 당신이 전달하려는 메시지를 형성한다. 사소한 일들에 대한 책임을 다른 사람에게 맡기겠는가? 그렇다면 당신은 브랜드를 구축하는 결정적인 임무를 다른 사람의 수중에 떠넘기는 셈이다. 앞서 당신 스스로 해야 한다고 주장한 이유가 바로 이것 때문이다.

월마트 회장 샘 월턴의 사례를 살펴보자. 그는 처음에 130개의 매장을 직접 선택했고 매장이 500개로 늘어날 때까지 모든 부동산 거래에 대해 파악하고 있었다. 빌 게이츠는 마이크로소프트의 프로그래머들이 기록한 코드를 지금도 검토한다고 한다. 수억 달러의 자산을 갖춘 인물이든 사업이 태동 단계에 있는 신참 사업가든 사업의 성공은 온갖 사소한 일에 달려 있다!

우리는 첫 번째 매장의 모든 것이 '커피 리퍼블릭'에 대한 메시지를 전달할 것임을 인식하고 있었다. 그래서 접시 하나, 의자 하나, 냅킨 하나…… 모든 물품을 신중하게 선택했다. 아무리 사소한 물품을 구매할 때라도 항상 '이 물품이 우리 브랜드에 대해 어떤 메시지를 전달할까?' 라고 자문했다. 우리는 힐스, 해비탯, 존 루이스 등의 주방용품점에서 어떤 케이크 접시가 브랜드 이미지에 맞는지 등을 두고 여러 차례 논쟁을 벌이곤 했다.

한번은 매장 문에 부착할 '미세요/당기세요' 표지를 구입하려고 사방을 돌아다녔다. 이름 있는 상표의 제품을 구매할 만한 여유는 없었지만 구식 샌드위치 전문점을 떠올리게 하는 흔하디흔한 표지는 싫었기 때문이다. 이런 작은 일을 결정하는 데만 몇 시간을 바칠 수 있어야 한다. 사소한 것들이 브랜드 이미지를 표현하기 때문이다.

법칙 43: 독립독행의 규칙. 2 + 2 = 5

사하가 준 교훈

항상 몸담기를 꿈꿔 왔던 법률 사무소에서 이 년간의 견습 생활을 시작했을 때 받았던 충격을 결코 잊을 수 없다. 견습을 시작하기 직전까지 변호사가 될 생각에 너무나 흥분되고 으쓱했다. 그런데 내가 하루 종일 무슨 일을 했는지 짐작이나 하겠는가? 고작 복사와 교정뿐이었다!

더군다나 나는 견습 변호사에게 주어지는 이 따분한 업무의 혜택도 제대로 누릴 수가 없었다. 특히 복사 부서에 충분한 직원을 고용하고 있는 대형 법률 사무소에서는 그러했다. 커피 리퍼블릭을 위해 일하기 시작한 지 이 년이 되어서야 비로소 당시에 내게 왜 그런 임무가 주어졌는지 이해하게 되었다.

이유는 이렇다. 회사에서는 견습 변호사에게 하찮은 업무를 수행하게 해서 법률 사무소에서 일하는 데 바탕이 될 업무를 가르친다. 그 다음 사무실에서 해야 할 실무와, 초안부터 완성에 이르기까지 서류 작성 과정을 가르친다. 이런 방식으로 훈련을 받은 견습 변호사는 수년 동안 학업으로 획득한 지식에만 의존하는 나태함에 빠지지 않는다. 변호사가 된다는 것은 '지식' 만큼이나 '행동' 이 필요하다는 의미이다.

이것이 '독립독행' 이다.

옥스퍼드 사전에서는 독립독행(bootstrapping)을 '최소한의 자원이나 장점만을 가지고 수행하는 활동'으로 정의하고 있다. 보통은 자원의 효율적 이용과 자금 절약과 관련이 있지만 실제의 정의는 이보다 더 넓은 의미를 갖는다. 독립독행의 진정한 혜택은 자금이 부족해서 사업가가 경험하게 되는 시련에 있다. 사업가는 독립독행을 통해서 둘에다 둘을 보태어 다섯을 만들려고 노력하게 되고 이로써 소유하고 있는 것을 가장 전략적이고 생산적인 방법으로 활용하게 된다. 이런 과정을 통해 사업가가 되는 방법과 사업가처럼 행동하는 방법을 배우게 된다.

독립독행은 사업가가 자기 자신에게 부과해야 하는 훈육이다. 독립독행을 통해서 자원을 효과적으로 활용하고 고객의 필요에 표적을 맞추는 방법을 배우게 된다. 이를 통해 사업을 위한 초점이 보다 예리해진다.

위대한 사업가는 거의 모두 독립독행으로 사업을 추진했다. 당신도 직접 시도해 보고 쉬운 방법을 선택하라. 독립독행과 정반대의 경우는 앞에서도 말했듯 인터넷이 성황을 이루던 당시에 많은 인터넷 사업체가 행했던 방식이다. 투자가들이 시류를 타려고 기를 쓰고 있었던 탓에 신참 사업가에게도 자금이 쏟아졌다. 심지어 신참 사업가들은 사업 계획서의 가능성을 증명할 필요도 거의 없었다. 새로운 회사는 쉽게 많은 자본을 쥘 수 있게 되어 호화스러운 사무실, 엄청난 마케팅 예산, 부풀려진 직원 봉급 등을 충당할 수 있었다. 실질적인 사업에 대해서 그리 많은 것을 알지 못한 채 말이다.

무슨 일이 발생했을지 짐작하겠는가? 그토록 많은 자금을 손에 쥐게 된 회사는 비사업적인 방향으로 생각하게 되었다. 고객의 요구를 알아야 할 필요를 느끼지 못하게 되었을 뿐만 아니라 고객의 요구를 가장 효과적이고 생산적으로 충족시키도록 사업을 적응시키는 데 둔감해졌다. 인터넷의 인기를 부추겼던 사람들은 정작 인터넷과 연결고리를 잃어버렸고 회사에 가려 개인적인 추진력을 상실하였으며 자금이 넘쳐나는 대신 창의력을 잃었다.

자금 조성의 성공 여부와 관계없이 막 시작하는 사업가가 배워두면 유익한 교훈이 있다. 독립독행을 피하지 마라. 사업체의 소유주라 하더라도 우편함에서부터 일하기 시작하라. 밑바닥에서 시작해서 차례로 단계를 밟으면서 일하라. 노력하면 보상은 따른다. 전통적으로도 수많은 일류 경영자들이 밑바닥부터 단계를 밟아 올라갔고 마침내 보상을 받았다. 모든 사업가가 이러한 발자취를 따를 필요가 있다. 사업이 제대로 진행된다면 그다지 오랫동안 밑바닥에 있지 않을 것이다.

사업 실행: 누구든지 할 수 있다!

사업 실행을 에베레스트 산의 등반에 비유한다면 당신은 지금 베이스캠프에 있고 정상은 한참 멀리 떨어져 있는 셈이다. 어떻게 정상에 도달할 것인가? 놀라지 마라. 비결이 있다. 보비는 한 번에 한 입씩 먹기 시작하면 코끼리도 먹을 수 있다는 비유를 좋아한다. 한 걸음씩 나아가라. 이것이 바로 당신이 인생에서 원하는 일을 무엇이든 할 수 있는 비결이다. 또한 사업 성공의 비결이기도 하다.

법칙 44: 아무리 큰 일이라도 자신이 다룰 수 있을 만큼 작게 부순다면 무엇이든 할 수 있다.

등산가에게 에베레스트 산을 등반하는 방법에 대해 물어보라. 그저 출발해서 위로만 향한다고 정상에 도달하는 것은 아니다. 세계에서 가장 높은 산의 정상에 오르는 데는 약 삼 개월의 시간이 걸린다. 이는 육체적인 힘과 인내뿐만 아니라 계획, 조직, 세부 사항 등과도 관련이 있기 때문이다. 실제로 베이스캠프에서 산의 정상까지는 다섯 개의 독립된 캠프가 있으며 각각의 캠프에 도착하는 것 자체가 일종의 승리이다.

사업도 같은 방식으로 시작해야 한다. 누구나 사업을 하루아침에 시작하지 않으며 사실 그렇게 하려고 시도조차 하지 않는다. 그러므로 업무가 과중하다고 걱정하지 말고 다룰 수 있을 만큼 작은 단위로 쪼개서 올바른 방향으로 추진시켜라. 그러면 자신도 모르는 사이에 목표에 도달해 정상에서 아래를 내려다보게 될 것이다.

산 정상 등반을 비유로 좀 더 명확하게 의미를 파악해 보자. 최초의 아이디어가 있는 곳이 바로 베이스캠프다. 산을 등반하기 시작해서 첫 번째 캠프로 전진하려면 사업 착수에 필요한 항목마다 해야 할 일의 목록을 철저하면서도 포괄적으로 작성해야 한다. 그 목록은 작성하는 날부터 시작해서 사업이 가동될 때까지 할 일을 모두 포함해야 한다.

목록을 작성하고 나면 전체적으로 검토해서 긴박성과 중요성을 기준으로 우선순위를 결정한다. 이제 당신은 두 번째 캠프로 향하는 길목에 서 있다. 두 번째 캠프에서는 최상의 경로를 분석해야 한다. 해야 할 일이 많기 때문에 자칫 궤도에서 벗어날 가능성이 있다. 이때 최상 경로를 미리 분석한다면 산 정상에 도착할 때까지 지속적으로 바람직한 경로를 밟을 수 있다.

짐작하겠지만 해야 할 일의 목록을 정하는 것은 매우 중요하다. 사업의 모든 요소 하나하나가 당신 책임하에 놓여 있지만 모든 일을 한번에 할 수 없다. 우선순위를 잘 매겨야 한다. 전혀 씨름할 가치가 없는 일과 즉각 관심을 기울여야 하는 일을 파악하고 구별할 수 있어야 한다.

훌륭한 시간 관리의 열쇠는 '긴박한' 주제에서 관심을 돌려 '긴박하게 될지 모르지만 지금 당장 긴박하지는 않은 일'을 진취적으로 수행하는 것이다. 이를 통해서 자신 앞에 놓인 기회를 붙잡을 수 있다.

어떻게 하면 나무를 보느라 숲을 보지 못하는 어리석음을 모면할 수 있을까? 위의 규칙을 염두에 두어 긴박하지 않더라도 중요한 일에 초점을 맞추어야 한다. 그렇다면 우선순위는 어떻게 설정해야 하는가?

당신 사업체를 경쟁 업체와 차별화시키는 요소는 당신 브랜드의 핵심, 즉 특유의 판매 포인트이다. 이를 한 단어로 어떻게 표현할 수 있는지 고심해야 한다. 이 문제는 당신의 제품이나 서비스 제공의 핵심을 이루는 것이므로 신속하고 효과적으로 다루어야 한다.

커피 리퍼블릭 운영의 우선순위

1995년 3월

1. 유한 회사 설립
2. 소매 장소 물색
3. 좋은 커피 확보
4. 매장 설계
5. 로고 설정

우리의 이야기

사업 실행 단계

1995년 3월 - 1995년 11월

앞에서 보았듯 우리는 1995년 3월 말 필요한 자금을 조성했다. 마침내 사업에 뛰어들어 첫 번째 매장을 개업할 시기가 되었다. 앞으로 할 일은 엄청나게 많았지만 이 단계에서 우리는 일단 안도감을 느꼈다. 아이디어가 현실로 이루어졌기 때문이다. 이 시기에 우리의 첫 번째 매장 형태가 확실히 떠오르기 시작했다.

이때 해야 할 일에 대해서는 조사 단계에서 충분히 파악해 두었다. 이미 많은 공급 업자를 만났고 필요한 장비를 물색해 두었으며 개업과 관련된 제반 상황을 익혔다. 조사할 당시만 해도 자금이 전혀 없었기 때문에 사업을 지속시킬 수 있을지 확신하지 못했다. 그러나 준비 단계에서 상황을 판단하게 되었고 그 결과 같이 일할 사람과 자금이 준비되었을 경우 사업체의 이미지를 구축하는 방법에 대해 명확한 아이디어를 갖게 되었다. 이것이 자금이 확보되자마자 앞장서서 신속하게 행동을 취할 수 있었던 이유다.

이제 드디어 자금을 손에 쥐고 실제 사업을 운영하게 되었다. 다음 도전은 그동안 심사숙고해서 선택한 온갖 기구와 제품을 주문하고 설치하는 일이었다. 이제 흥미 있는 단계에 접어들었다고 생각할지 모르겠다. 하지만 예상치 못했던 문제에 부딪치고 말았다. 우리는 이 사업의 신뢰성을 확신하고 있었지만 공급 업자는 그렇게 생각하지 않았다! 아무도 우리의 말을 심각하게 받아들일 준비가 되어 있지 않았다.

우리가 직면했던 회의론의 좋은 예는 우리가 원하는 종류의 커피 기계를 공급하고 있던 회사의 태도였다. 당시 우리는 어떤 브랜드의 기계가 필요한지 정확하게 알고 있었기 때문에 판매 대리점을 찾아가서 매우 열성적인 태도를 보였다. 그들이 판매하는 커피 기계를 구매하고 싶다고 말하면서 우리가 관심을 갖는 기계에 대해 자세하게 이야기했다.

그러자 공급 업체도 우리에게 큰 관심을 보이면서 기계 공급 외의 다른 일도 도와주고 다른 사람과 접촉하도록 알선해 주기도 했다. 심지어는 그들의 전시장에서 커피 시음을 실시하기까지 했다. 그러나 우리는 사업 계획서를 작성하고 자금을 조성하느라 분주해지면서 두어 달 동안 그 회사와 연락을 취하지 못하게 되었다. 마침내 그토록 오랫동안 마음에 두었던 기계를 주문하려고 전화를 하자 그 공급 업체의 대표는 사하에게 이렇게 말했다.

"사무실에서 당신들이 연락을 할 것인지 말 것인지를 두고 내기를 했습니다. 나는 당신들이 연락하지 않을 것이라는 데 걸었고, 당신들이 사업에 대해서 그다지 진지하게 생각하는 것 같지 않다고 말했지요. 그런데 이제 보니 내가 내기에서 진 것 같군요."

분명히 그는 내기에서 졌다. 하지만 커피 리퍼블릭에 150대의 커피 기계를 공급했기 때문에 내기에 졌다는 사실에 개의치 않으리라!

공급 업체와 종업원, 기타 자원 제공자를 찾는 일이 사업가에게 얼마나 힘들고 도전적인 일인지 늘 기억하라. 다음은 우리가 매장을 물색하며 겪었던 일이다.

도전 1 - 장소 물색

우리는 4월에 냇웨스트 은행으로부터 커피 리퍼블릭 설립 자금을 대출해 주겠다는 편지를 받았다. 그러나 우리는 그해 11월 4일에야 첫 번째 매장을 열었다. 자금이 생기고 7개월이 지난 후였다. 시간이 지체된 이유가 무엇이었겠는가?

장소 때문이었다.

사실 우리는 장소 물색이 얼마나 어려운 일인지 몰랐고 그 일을 과소평가했었다. 우리는 소매 사업의 결정적 요소는 첫째도 위치요 둘째도 위치라고 생각했다. 장소 선택에 관한 우리의 전략은 인구가 조밀한 사무실 지역에 위치하면서 교통량이 많고 눈에 잘 띄는 곳을 선정하는 것이었다. 그래야 매일 하루에 한 번 이상 커피 전문점에 드나드는 핵심 고객층을 확보할 수 있기 때문이었다.

그러나 우리는 부동산 시장이 어떤 방식으로 돌아가고 있는지 몰랐다. 일단은 그 분야에서 우리가 알고 있는 사람을 모두 찾아가 얘기를 나누고 그들의 지시를 따르면서 부동산 시장의 원리를 배워 나갔다. 우선 친구가 추천해 준 감정사부터 만나 보았고 그 후에는 상호별 전화번호부에서 감정사의 전화번호를 찾아 만났다. 심지어는 '감정사 주일'를 정해서 해당 주에는 20개 정도의 회사를 방문해서 감정사에게 우리의 사업 컨셉을 설명했다. 같은 얘기를 여러 번 반복하는 것은 정말 피곤하고도 허탈한 일이었다.

만나는 감정사마다 하나같이 열정적인 태도를 보이면서 나중에 전화를 하겠다고 했다. 그러나 실제로 전화를 걸어 온 사람은 거의 없었다. 심지어는 다시 전화해도 답변 전화조차 하지 않았다. 다음을 명심하라. 사업가는 신뢰받지 못한다!

공급 업자와 마찬가지로 부동산 분야의 사람들도 우리를 신뢰하지 않는다는 점을 이내 깨닫게 되었다. 불신보다 더 심각한 문제도 있었다. 좋은 장소는 결코 부동산 시장에 나오는 법이 없었다. 우리가 정보를 입수하기 훨씬 전에 중개인끼리 거래가 이루어졌다. 그러므로 신참 사업가는 자신의 편에 서서 일해 줄 상당히 노련한 중개인이 필요하다. 그러나 일류 중개인은 좀 더 큰 고객을 상대하기 때문에 확보하기가 쉽지 않다.

결국 신참 사업가는 악순환 속에 갇히게 되는 셈인데 이 악순환을 끊고 나오려면 단 한 가지 요소, 즉 진정한 사업가적 자질인 '결단력'이 필요하다. 사업 성공에 도움을 줄 수 있는 사람들이 우리만큼 헌신적이지 않다고 해서 꿈을 접을 수는 없는 일이었다. 우리는 커피 리퍼블릭이 성공할 수 있다는 점을 감정사들에게 증명하기 위해 애를 썼다.

우리는 우선 가장 노련하고 뛰어난 중개인으로 알려진 콜린 백스터를 담당 중개인으로 선택했다. 콜린은 오늘날까지 커피 리퍼블릭의 60개 매장이 들어설 장소를 찾아 준 인물이다. 그러나 처음 만나는 날 그는 우리를 사무실 밖에서 45분 동안이나 기다리게 만들었을 뿐만 아니라 거의 거들떠보지도 않았다.

우리는 정말 적합한 장소를 찾으려는 목적으로 콜린을 집중 공략했다. 최소한 하루에 두 번씩 계속 전화했다. 콜린이 특정 장소에 대해 언급하면 즉시 차를 타고 찾아가서 답사를 하고 곧바로 답변을 주었다. 콜린과의 회의도 거의 우리가 강요한 것이나 다름없었다. 장소가 그다지 좋지 않아 보여도 우리 측에서 해야 할 일은 빈틈없이 했다. 중개인이 우리의 일을 진지하게 취급하지 않을 만한 단서를 제공하지 않기 위해서였다.

해당 장소에 가서 그 앞을 오가는 사람들을 하나하나 세는 작업을 수도 없이 했다. 미래의 매장이라고 생각하고 몇 시간이고 머물면서 그 앞을 지나치는 사람의 수를 시간대별로 세었다. 이런 작업을 거치면 예상 고객 수를 어림짐작할 수 있다. 사하는 자동차에 앉아서 편안하게 세는 방법을 고집했기 때문에 불가피하게 차를 주차 금지 지역에 세워 둘 수밖에 없었다. 때문에 주차 요원이 돌아다닐 때면 자동차를 이동시켜야 해서 통행인을 세는 작업이 자주 중단되었다. 마치 꿈을 추구하는 과정과 흡사하지 않은가!

그런데 미래의 매장 자리를 돌아보고 통행인의 수를 세고 난 후 마음에 들어 임대하려 하면 으레 매장 소유주가 임대를 거절하곤 했다. 매장 소유주는 실적이 전혀 없는 새로운 사업체에 매장을 임대하기를 꺼렸다. 게다가 그들은 우리 사업의 상호는 고사하고 컨셉조차 낯설어 했기 때문에 어려움은 더욱 컸다. 매장 소유주는 커피 리퍼블릭이 기존의 카페나 샌드위치 전문점과 완전히 다르다는 점을 전혀 이해하지 못했다.

그래서 우리의 도전은 계속되었다.

시간이 흐르자 미국의 커피 열풍이 서서히 영국 시장에 영향을 미치는 듯했다. 수많은 소문이 들려왔다. 커피 산업계 사람들과 대화할 때마다 런던에서 커피 체인점을 시작하려고 계획 중인 사람이 있다는 얘기를 들을 수 있었다.

보비가 그린 매장을
물색하러 다니는 사하의 모습

대부분은 헛소문에 불과했지만 어쨌든 이미 가동된 우리의 엔진에 연료를 붓는 격이 되었다. 우리는 시장에서 선발주자가 되고 싶었고 고객의 마음을 선점하고 싶었다. 시장 조사를 위해 런던 주위를 바쁘게 돌아다니던 와중에도 경쟁 업체가 들어서고 있는지 파악하기 위해 막 폐업을 하거나 공사 중인 매장을 주의 깊게 살피곤 했다.

이 모든 일이 과대망상증에 가까운 행동처럼 보인다면 다시 한 번 산에 관한 비유로 돌아가 보자. 사업에서는 계획과 헌신이 전부이다. 에베레스트 산을 등반할 때 그저 언덕을 걸어 올라가는 것처럼 하면 정상에 도달할 수 없다는 점을 명심하라. 정상을 500야드 앞에 두고 로프가 바닥난다면 정상까지 갈 수 없다. 사업이든 탐험이든 마지막까지 모두 샅샅이 조사하고 점검해야 한다. 아무것도 간과한 게 없다고 만족할 때도 다시 한 번 점검해야 한다.

…… 그리고 우리의 첫 번째 경쟁자가 등장했다!

성(聖) 금요일(가톨릭에서 부활절 전의 금요일로 예수의 수난일 —옮긴이) 전날 결코 보고 싶지 않았던 장면을 목격하고 말았다. 코번트 가든에 위치한 한 매장 창문에 "바닐라 저칼로리 라떼가 코번트 가든에 상륙했다!"라고 쓰인 포스터가 붙은 것이다. '시애틀 커피 컴퍼니'가 우리보다 앞서 커피 체인점을 열 예정이었다. 포스터의 표현으로 짐작해 보건대 그들도 우리와 똑같은 아이디어를 가지고 있었다!

포스터를 보고 우리 둘은 할 말을 잊었다. 광고 문구로 미루어 보아 우리만큼 진지하게 사업에 임하고 있음이 분명했다. 그러나 처음에 느꼈던 두려움이 사라지자 원래 사업에는 경쟁자가 있게 마련이라고 생각하게 되었다. 오히려 더 좋은 계기가 될 수도 있겠다고 생각했다. 경쟁 업체의 등장으로 시장을 넓혀서 더욱 신속하게 특제 커피를 알릴 계기가 될지도 모르는 일이었다.

결국 그 경쟁 업체는 삼 년 후 스타벅스에 인수될 때까지 진정한 의미에서 우리의 유일한 경쟁 상대였다.

사실 경쟁 업체가 등장할 당시 우리는 상당히 의기소침해 있었다. 중개인과 밀접한 관계를 계속 유지하고 있었음에도 7월까지 매장 자리를 확보하지 못했고 푹푹 찌는 여름에 에어컨도 없는 자동차를 타고 자리를 찾아 헤맸기 때문이다.

팩스 (보비가 사하에게)

김이 새는 느낌이야. 다섯 달 동안 발이 부르트도록 다녔지만 아무것도 마무리 짓지 못했잖아!

한편 우리가 좋은 매장을 물색하는 조건으로 대출을 승인했던 냇웨스트 은행의 압력도 커졌다. 은행가, 공급 업체 등의 관심을 장기간 유지시키기가 더욱 어려워졌다. 우리가 신뢰받지 못하는 상황이어서 더욱 그랬다.

그러던 7월의 어느 날 정말 우연찮게 행운이 찾아왔다. 사하는 오랜 친구인 사이먼과 우연히 마주치게 되었고 얘기 중에 첫 번째 매장 자리를 찾지 못하고 있다고 하소연했다. 그러자 사이먼은 한 친구가 사우스몰턴스트리트에 고급 티셔츠 가게를 갖고 있는데 임대 계약 기간이 거의 끝나 간다고 귀띔해 주었다.

법칙 45: 성공은 만반의 준비를 갖추고 있다가
기회를 만났을 때 이루어진다.

우리는 이런 기회를 위해서 8개월 동안 준비해 왔고 기회를 결코 놓치지 않을 작정이었다. 사하는 즉시 사우스몰턴스트리트로 차를 몰고 가서 매장을 둘러보았다. 이미 반대편 매장에 대한 조사와 통행인 계수를 충분히 한 상태였기 때문에 우리에게 꼭 맞는 자리임을 직감했다.

이렇게 해서 화창한 7월 아침 8시 30분에 커피 리퍼블릭은 첫 매장을 갖게 된 것이다.

내부 정보가 있었기 때문에 부동산 시장을 앞지를 수 있었다. 우리는 즉시 콜린을 내세웠고 상당히 좋은 조건으로 거래를 할 수 있었다. 1995년의 부동산 가격은 1990년 대 초반의 부동산 경기 침체 이후 아직 회복되지 않은 상태였기 때문에 상대적으로 권리금이 적고 무임대료 기간을 보장받을 수 있었다.

사우스몰턴스트리트는 커피 리퍼블릭의 첫 매장을 열기에 이상적인 장소였다. 우리가 표적으로 삼았던 다양한 고객층을 모두 포함하는 지역이었기 때문이다. 이곳은 직장인, 쇼핑객, 통근자, 학생, 관광객 등이 집결되는 곳이었다. 또한 근처에 《보그》, 《GQ》, 《태틀러》 등의 원조인 콘데 나스트 사(Conde Nast, 권위 있는 여행·레저 전문지를 펴냄——옮긴이)가 있어서 언론의 관심을 끌 가능성도 있었다. 게다가 사우스몰턴스트리트는 차량 통행이 금지되고 보행자 전용 도로로 지정되었기 때문에 매장 바깥에 덤으로 좌석을 확보할 수 있었다. 바깥 면적까지 포함해서 매장의 면적은 245평방피트였다.

열심히 뛰어다녔고 포기하지 않았기 때문에 행운이 따랐겠지만 여하튼 이 자리를 잡을 수 있었던 것은 큰 행운이었다. 어찌 됐건 사우스몰턴스트리트는 첫 매장 자리로는 환상적인 곳이었다. 또한 선도적인 역할을 해야 할 매장의 위치로서도 이상적인 곳이었다. 마침내 우리는 8월에 임대차 계약서에 서명을 했다.

드디어 꿈을 실현시키기 위한 큰 발걸음을 옮겼다!

도전 2 ― 공급 업체 물색

우리는 사업의 성공을 좌우하는 열쇠가 커피 자체에 있다고 처음부터 굳게 믿고 있었다. 우수한 품질의 커피를 판매하지 못한다면 결코 사업에서 성공할 수 없었다. 그러므로 시장에서 확보할 수 있는 최상의 품질의 커피를 찾아야 했다.

그러나 우리는 커피에 대한 지식이 전혀 없었다. 그렇기에 앞서 말했듯 조사 단계의 첫 번째 목표는 '커피 전문가'가 되는 것이었다. 공급 업자를 수없이 만나고 실습 강좌마다 쫓아다니고 커피에 관한 책이나 문헌을 닥치는 대로 읽어서 우리는 커피 재배 방법, 커피 원두의 종류, 커피 원두 혼합 방법 등에 대한 지식을 습득했다. 우선 커피에 대한 지식으로 무장한 다음 커피 리퍼블릭에 꼭 맞는 커피를 공급해 줄 업체를 찾아보기 시작했다.

우리는 실제로 구매 결정을 해야 할 때가 되기 전에 커피에 대한 지식을 습득했다. 눈앞에 상업적 필요성이 닥치지 않았으므로 학습 단계에서는 커피의 종류를 선택해야 할 심적인 부담 없이 나중에 구매하게 될 커피에 대해서 열심히 배우기만 하면 되었다.

이로 인해 적절한 시기에 이르렀을 때 우리는 커피 전문가가 되어 있었고 필요한 커피의 종류를 한눈에 알아볼 정도가 되었다. 이는 사하의 전공이 되었다. 사하는 수개월 동안 조사하고 시음하면서 라떼나 에스프레소가 함유해야 할 맛의 특성을 찾아냈다. 사하는 '기분 좋은 자극'을 주면서도 뒷맛이 쓰지 않은 강한 맛의 커피를 원했다.

우리가 원하는 커피의 맛을 상세하게 설명했을 때 공급 업자들이 놀라워했던 상황이 떠오른다. 공급 업자들은 "정말 훌륭한 제품입니다.", "우수한 품질입니다."라며 자신의 제품을 선보였지만 그때마다 사하는 자신이 찾고 있는 풍미나 자극이 없다고 했다. 그럼에도 우리가 찾고 있는 커피를 혼합해 내기 위해 공급 업자가 전혀 노력하지 않았던 것에 의아해 하지 않을 수 없었다. 우리는 일단 돈을 손에 쥐고 있다면 공급 업자들은 거래를 하기 위해 적극적으로 경쟁할 것이고, 우리가 원하는 정확한 종류의 커피를 공급하기 위해서 수단과 방법을 가리지 않을 것이라고 생각했다. 하지만 대부분의 공급 업자가 보인 반응은 이러했다.

"이것이 우리가 가진 제품의 전부입니다. 당신 사업체에서 사용하기에 품질이 떨어진다고 생각한다면 잘못 생각하는 겁니다. 다른 곳에 가 보시죠."

우리는 곧 대형 커피 공급 업체는 수년 동안 구축해 온 나름대로의 방법과 시스템을 갖추고 있어서 새로운 요구와 까다로운 조건을 수용하는 것을 별로 문제삼지 않는다는 것을 알게 되었다. 대형 업체는 우리와 거래하는 것에 별 어려움을 느끼지 않았지만 대부분의 다른 공급 업체는 우리를 제정신이 아닌 사람으로 치부했다!

사업가답게 행동하는, 우리와 같은 생각을 가진 공급 업체가 필요했다. 우리의 비전을 신뢰하고 우리의 필요를 충족시켜 주기 위해서 별도의 수고를 아끼지 않을 그런 공급 업체가 필요했다. 결국 그런 공급 업자를 딱 한 사람 만날 수 있었다. 에바는 가족이 운영하는 이탈리아의 작은 커피 제조사의 런던 지점을 운영하고 있었다. 우리는 에바를 한 산업 박람회에서 처음 만났는데 많은 공급 업자 중에서 단연 돋보였다. 찾고 있는 커피의 정확한 맛을 설명하는 사하의 열정적인 이야기를 기꺼이 들어 주었던 유일한 사람이었기 때문이다. 에바는 온갖 종류의 커피를 혼합해 보고 꼭 맞는 맛이 나올 때까지 결코 포기하지 않았다. 이러한 태도가 그녀와 거래를 하게 된 이유였다. 에바의 열정과 결단력은 우리와 잘 맞았다.

어느 날 사하는 에바에게서 전화를 받았다.

"20분 있다가 슬론 광장에 있는 오리엘에서 만날 수 있겠어요? 당신이 원하는 바로 그 맛의 커피 블렌드를 찾은 것 같아요."

사하는 오리엘에 가서 에바가 따라 주는 커피를 맛보았다. 그토록 오랫동안 찾아 헤매던 바로 그 풍부한 맛이었다. 커피 리퍼블릭의 블렌드는 바로 그날 탄생했다. 우리가 함께 선택한 블렌드는 《인디펜던트온선데이》가 수여하는 런던 최고 카푸치노 상과 《가디언》이 수여하는 런던 최고 에스프레소 상을 포함하여 많은 상을 받았다.

되돌아보면 우리에게 가장 중요한 원료를 공급하는 사람이 우리의 꿈에 대해서 우리와 마찬가지로 열정적이고 헌신적인 것이 얼마나 중요했는지 모른다. 사업을 수행하는 내내 에바는 소중한 도움과 지원을 제공했다. 커피 리퍼블릭의 성장에서 동업자와 같은 역할을 했고 매장을 새로 열 때마다 직접 찾아와서 우리 옆을

지켰다. 에바는 전형적으로 독립독행하는 인물이었고 우리는 그녀의 그런 모습을 원했다.

에바를 우리 편으로 확보하고 난 후에는 적합한 커피 조제 기구를 찾는 데 모든 노력을 기울였다. 이탈리아에서는 훌륭한 커피를 만드는 비결이 5M에 있다고 말한다.

· 메스클라(Mescla) - 커피 블렌드
· 마치나(Machina) - 커피 기계의 품질
· 마치나도사토레(Machinadosatore) - 커피 원두 분쇄기
· 메수라(Mesura) - 에스프레소 한 잔을 뽑기 위한 커피의 양
· 마노(Mano) - 에스프레소 기계를 작동시키는 사람의 손

다음으로 할 일은 5M 중 나머지 요소를 차근차근 제대로 확보하는 것이었다.

우리는 어떤 형태의 기계와 분쇄기가 필요한지 정확하게 파악하고 있었다. 조사 단계에서 기계가 다르면 에스프레소의 맛도 달라진다는 점을 깨닫고 시음을 통해서 커피 리퍼블릭을 대표하는 맛을 낼 수 있는 브랜드를 알아냈다. 바로 이탈리아 회사인 침발리 제품으로 시중에서 가장 비싼 기계였다. 우리는 커피 기계 공급 업자들도 혀를 내둘렀을 정도로 우리가 원하는 커피 기계에 대해서 매우 확고한 태도를 취했다. 이러한 일종의 완벽주의는 사업가의 성공과 실패를 가르는 기준이 된다.

도전 3 — 적절한 음식 공급 업체의 물색

커피 문제를 해결하고 나자 음식 문제가 남았다. 이 시점에서 우리는 판매하고자 하는 제품을 공급해 주는 업체를 찾기가 매우

어렵다는 사실을 깨달았다. 우리는 뉴욕에서 맛보았던 무지방 블루베리 머핀, 오트밀 과자, 이탈리아식 과자인 비스코티, 두 겹 초콜릿 브라우니 등 맛있는 음식들을 찾고 있었다.

당시 일반적인 샌드위치 전문점에서 판매하는 음식의 질은 형편없었다. 우리가 찾고 있던 고급 페이스트리를 구워 내는 공급 업체는 어디에도 없었다.

가까스로 공급 업자를 접촉하려고 하면 마치 다른 나라 언어로

사업 초기에 들었던 재미있고 감동적인 얘기 중 하나는 커피의 발견에 관한 것이었다.

6세기 초 에티오피아에 '칼디'라는 이름의 염소 치는 소년이 있었다. 어느 날 칼디는 밝은 빨간색 열매가 달린 키 큰 식물이 자라는 산으로 염소를 몰고 가면 염소들이 더욱 생기가 돌고 기운이 넘친다는 사실을 발견했다. 호기심이 난 칼디는 붉은 열매를 두어 개 따서 가까운 수도원에 가지고 갔다.

수도원에서는 이미 동네 사람들이 이 열매를 마술의 열매라고 주장하던 소리를 들어 온 터라 칼디에게서 열매를 빼앗아 불 속에 던져 버렸다. 열매는 불 속에서 볶아지기 시작했고 갓 볶은 커피에서 나는 취하는 듯한 향을 내뿜기 시작했다. 수도승은 커피 향에 매료되었고 나머지는 역사에 나와 있는 대로다.

우리는 이 얘기에 흠뻑 젖어서 한때 사업체 이름을 '칼디스 커피(Kaldi's Coffee)'로 부를까 생각하기도 했다.

대화하는 것 같았다. 그들은 품질, 전시 방법, 고객 만족 등에서 우리의 소신을 전혀 파악하지 못했다. 이로써 우리가 커피뿐만 아니라 음식에서도 완전히 새로운 문화와 사고를 도입하고 있다는 점이 명백해졌다.

음식 도매 공급 업체들은 이미 탄탄하게 자리 잡은 상태로 여태껏 순탄하게 운영해 왔기 때문에 그 나름대로의 체계, 방법, 조리법 등을 변화시키려 하지 않았다. 기존의 공급 업체에 의존할 수 없다는 점을 깨달은 우리는 보다 독창적인 접근 방법이 필요하다는 생각을 했다. 다시 한번 독립독행 단계로 돌아가야 했다.

우리는 맛있는 머핀을 팔기 위해 우선 뉴욕에서 머핀 요리책을 구입했다. 책의 요리법을 참고하여 머핀을 구워서 매일 매장에 배달해 줄 사람을 찾았다. 당시에 쿠어제트(courgette)와 포피시드(poppy seed) 같은 고급 케이크를 판매하고 있던 유일한 매장은 조셉스 카페였다. 그곳 메뉴에는 '델리스 오 카페'라는 맛있는 후식이 있었는데 정말 맛이 대단했다. 우리는 그곳에서 케이크와 후식을 만드는 사람이 동일 인물이라는 사실을 알게 되었고 몇 번의 통화 끝에 그녀에 대한 자세한 정보를 얻었다. '델리스 오 카페'를 만들 수 있는 사람이라면 당연히 커피 리퍼블릭을 위한 머핀도 만들 수 있을 것이라 생각했다!

이것은 보비가 공급 업체에 대해서 세웠던 모든 규칙을 깨뜨리는 일이었다. 이 여성은 판매망을 가진 대규모 업체가 아니었을 뿐만 아니라 심지어는 적당한 공급 업자도 아니었기 때문이다. 그녀가 유일하게 물건을 보내고 있는 곳은 조셉스 카페였고 그곳에서도 몇 가지 소량의 후식을 매주 배달하고 있었을 뿐이었다. 그러나 그녀만이 우리에게 필요한 종류와 품질의 음식을 공급할 수 있다고 생각했기 때문에 그녀와 계약을 맺었다.

크루아상, 초콜릿 빵 등 프랑스식 페이스트리도 같은 과정을 겪어야 했다. 대형 공급 업체에서 제공하는 제품의 품질은 커피 리퍼블릭에서 판매하기에 질적으로 부족했다. 우리의 기준에 부합하는 유일한 크루아상은 나이츠브리지에 있는 세인트 퀸틴이라는 매장에서 찾을 수 있었다. 또한 이곳에서는 정통적인 프랑스식 바게트 샌드위치를 판매하고 있었다. 그러나 그들은 도매를 한 적도 없었고 배송 체계도 전혀 갖추고 있지 않았다.

이 시점에서 우리는 개업을 하기에 적합한 품질의 음식 공급 업체를 확보하는 것이 가장 중요하고 기타 세부적인 것은 나중에 해결할 수 있으리라고 생각하고 있었다. 차량을 구입할 여유가 없었기 때문에 처음 두어 달 동안은 우리가 직접 배달을 하기로 결정했다. 다행히 세인트 퀸틴은 집과 사우스몰턴스트리트 매장의 중간 지점에 있었다.

베이글은 좀 낭패를 보았다. 사하는 브릭 래인의 베이글이 런던에서 가장 맛있기 때문에 커피 리퍼블릭에서 판매할 베이글은 반드시 그곳의 베이글이어야 한다고 주장했다. 브릭 래인 베이글 매장에 가 본 사람이라면 누구든지 알 테지만 그곳 베이글의 맛은 정말 기가 막힌다. 우리는 택시 운전사를 고용해서 새벽마다 브릭 래인에서 베이글을 싣고 오게 하면 어떨까 생각했다. 하지만 베이글의 구입 가격과 택시비를 합치면 판매가를 초과하는 비용이 들었다. 그래서 우리는 풀햄 로드에 있는 그런대로 괜찮은 베이글 매장을 찾아서 매일 아침 직접 실어 나르기로 결정했다. 아쉽지만 어쩔 수 없었다.

도전 4 — 브랜드 구축

우리의 목표는 영국에서 주도적인 에스프레소 브랜드를 구축하는 것이었다. 그러나 앞서 설명했던 유통 문제는 차치하고라도 우리는 마케팅이나 브랜드 구축에 대해서도 아는 것이 전혀 없었다.

법칙 46: 초짜 사업가는 모르고 행하는
          일이 수없이 많다.(때로는 그게 이득이 된다.)

뒤돌아보면 우리는 브랜드 구축 문제로 겁을 먹지는 않았다. 대개는 고도의 훈련을 받은 사람들이 브랜드를 구축하지만 경험 부족 때문에 제약을 받을 수는 없었다. 우리에게 브랜드 구축이란 단순히 '커피 리퍼블릭이 고객에게 메시지를 전달하는 것'을 의미했고 이러한 메시지를 파악하는 것은 그다지 어려운 일이 아니었다. 전달하고자 하는 메시지를 모든 고객에게 직접 설명할 수는 없었기 때문에 브랜드가 필요한 것이라고 단순하게 생각했다.

우리는 브랜드 이미지를 첫째는 매장 설계(매장은 기술적인 의미에서 광고판 역할을 한다.)를 통해서, 둘째는 매장 내부의 모든 물품 하나하나(컵의 형태, 설탕의 종류, 냅킨의 두께, 바리스타의 유니폼 등)를 통해서 고객에게 전달하고자 했다.

일단 매장 설계와 인테리어를 신속하게 결정해야 했다. 초기 비용이 가장 많이 드는 부분이었고 원하는 바대로 완성하려면 어느 정도 시간이 걸릴 것이기 때문이었다.

문제는 우리가 직면한 수많은 일에 완전히 문외한이었다는 점이다. 매장 설계는 고사하고 인테리어에 관해서도 아는 것이 없었다. 심지어 매장을 설계하는 사람이 누구인지도 몰랐다. 건축 기사인지 매장 설계가인지 장식가인지 아니면 다른 그룹이 있는지……. 물론 지금은 소매점 설계를 도맡아 하는 전문 회사가 있다는 점을 알지만 당시에는 그런 지식이 전혀 없었다. 완전히 문외한이었기 때문에 귀중한 정보를 많이 놓쳤는데 그것도 나중에야 깨달을 수 있었다.

이곳저곳을 기웃거리며 매장 설계에 대해 자문을 구하자 사람들은 건축가를 고용하라고 조언해 주었다. 어떤 회사를 선택해야 할지 몰라 난감해하자 누군가가 여러 매장과 음식점을 돌아보고 설계가 마음에 드는 곳을 골라서 설계자가 누구인지 물어보라고 조언했다. 우리는 켄싱턴에 위치한 '지그소'와 '조셉스 카페'의 설계가 매우 마음에 들었다. 해당 매장의 본사에 전화를 한 다음 몇 가지 조사를 더 하고 나서 설계자가 각각 나이젤 코테스와 에바 지리크나라는 사실을 알아냈다.

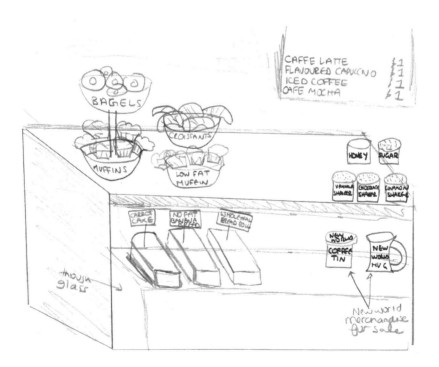

우리는 그 외에도 유명한 건축 사무소 두 군데에 연락했다. 두 사무소 모두 세계적인 건축물의 설계에 참여하고 있었는데 물론 당시에는 그 사무소가 얼마나 유명한지 알지 못했다. 지금 생각해 보면 커피 전문점의 설계를 의뢰하기엔 엄청나게 빡빡한 예산을 가지고 이러한 건축 사무소에 접근했다는 것 자체가 우스운 일이 었다. 게다가 우리는 이미 매장이 어떤 모습이어야 하는지 정확하게 알고 있었으니 말이다. 뉴욕에서 찍은 사진이 있었기 때문에 매장 설계에 관한 한 건축가의 독창성이 필요하지 않았다. 사진과 우리가 시각화한 스케치를 보고 모방해 줄 사람이 필요했을 뿐이었다.

결국 우리는 에바 지리크나에게 매장 설계를 의뢰하기로 결정했다. 우리는 매장 설계의 세부 사항 하나하나에 신경을 썼는데 지금 생각해 보면 그녀는 정말 유능한 인물이었다. 일을 매끄럽고 우아하게 진행하는 모습에 감탄할 수밖에 없었다!

다음에 직면한 도전은 로고의 설계였다. 브랜드 구축의 일환으로 컵을 비롯해 냅킨, 가방, 종업원 유니폼에 이르기까지 매장 내부에 있는 모든 물품에 로고를 새겨 넣고 싶었다.

우리는 로고 디자인 비용으로 400파운드를 설정했다. 이번에도 로고 디자이너를 어떻게 찾아야 할지 막막했다. 우선 거대한 다국적 기업들의 로고를 디자인하는 유명한 디자인 회사에서 일하는 친구에게 도와줄 수 있는지 물었다. 그녀는 자신의 회사에서 일하는 일류 디자이너에게 일종의 부업 형태로 로고 디자인을 맡기라고 제안했다.

이 방법은 결국 실패하고 말았다. 건축가의 문제와 마찬가지로 우리에게는 창의적인 천재가 필요했던 것이 아니라 그저 우리의 비전을 표현해 줄 디자이너가 필요했을 뿐이었다. 그러나 경험이

안녕하세요! 평소 드시던 대로 카페인을 반만 제거한
그랑데 사이즈 캐러멜 카푸치노를 드릴까요?
당신 자신만의 취향을 지켜드립니다.

없을 때는 거리낌 없이 거절할 수 있는 자신이 없게 마련이다. 그래서 우리는 이 천재 디자이너를 몇 시간 동안 만나고 나서 그의 디자인을 정중하게 거절하기 위해서 고심해야 했다. 디자이너는 자신의 작품을 거부당한 적이 없었기 때문에 적잖이 모욕감을 느끼게 될 것이었다. 또 그 로고를 채택한다면 우리는 난처할 뿐만 아니라 부당하다는 생각을 떨칠 수 없을 것이었다. 특히 디자이너가 속한 회사가 디자인에 대한 대가로 수만 파운드를 청구했다는 사실을 알게 되면 말이다. 아무리 재능이 뛰어나고 경험이 많은 전문가라 하더라도 우리가 만족스럽게 받아들일 수 없는 로고를 채택할 순 없었다.

우리는 결국 그 천재 디자이너와 영국의 일류 로고 디자인 회사의 재능에 등을 돌렸다. 대신 건축가를 통해 그래픽 디자이너를 소개받았다.

로고가 완성된 다음에야 포장을 위한 제품들과 유니폼을 주문할 수 있었다. 그러나 로고 디자인을 위한 첫 번째 시도가 실패로 돌아가면서 이미 400파운드의 예산을 써 버렸기 때문에 더 이상의 디자인 비용을 감당할 수 없었다. 그러므로 앞으로 해야 할 일 중 많은 부분에서 다시 독립독행할 수밖에 없었다.

주문용 컵에 로고를 인쇄할 만한 비용이 없었기 때문에 직접 컵에 스티커를 붙이기로 했다. 우리는 친구들에게 교대로 부탁해서 저녁이면 텔레비전 앞에 둘러앉아 컵에 스티커를 붙였다!

그래픽 디자이너에게 광고를 의뢰할 비용도 없었기 때문에 광고지 디자인도 스스로 해결해야 했다. 고객용 브로슈어에 실을 설득력 있는 문구는 재기발랄한 친구 마리엘라에게 부탁했다. 이렇게 해서 9월의 어느 날 밤 우리는 파스타와 와인 한 병을 식탁 위에 두고 광고 문구를 완성할 수 있었다.

도전 5 — 종업원 확보

종업원을 구하는 일은 미지의 영역이었고 또 다른 모험이었다. 우리는 처음부터 고객 서비스의 중요성을 강조해 왔다. 종업원은 청결하고 생기가 넘쳐야 하고 친근하면서 매장에서 판매하는 커피에 대해 매우 열정적인 태도를 가지고 있어야 했다. 또 고객의 필요에 따라 다양한 커피 음료를 소개할 수 있는 사람이어야 했다. 좋은 종업원은 사업 성공을 위한 핵심 요소였다.

우리는 마음에 그리고 있던 고객 서비스의 형태를 구현하기 위해서 다음과 같은 삽화를 만들었다.

다음에는 《이브닝스탠더드》 화요일자에 구인 광고를 게재했다. 식음료 사업에 관계자들이 보통 그렇게 한다는 소리를 들었기 때문이다.

다음 날 100통이 넘는 구직 문의 전화가 쇄도했다. 그러나 대부분 우리가 바라지 않는 평범한 고객 서비스를 제공하는 곳에서 일했던 사람들이었다. 우리가 원하지 않는 모습을 대표하는 사람의 관심만 끈 셈이었다. 우리는 가능한 것과 원하는 것의 틈새가 얼마나 큰지 다시 한번 확인했다.

우리가 직면한 또 다른 문제는 일단 종업원을 뽑는다 해도 그들을 훈련시킬 기술이나 방법이 없다는 점이었다. 종업원을 훈련할 방법을 알지 못했기 때문에 유일한 해결책은 이미 잘 훈련된 종업원을 고용하는 것뿐이었다.

주변에서는 프레타망제가 제공하는 고객 서비스가 높이 평가받고 있었다. 프레타망제는 동종 업계에서 고객 서비스 기준을 처음으로 바꾼 선발 주자였다. 그곳 종업원은 유니폼을 갖춰 입었고 청결했고 믿기 어려울 정도로 열성적이며 친절했다. 프레타망제에서 일했던 사람을 채용한다면 따로 훈련을 시킬 필요가 없을 것이라고 생각했다. 그들이라면 커피 리퍼블릭에서도 프레타망제에서 제공했던 것과 같은 수준의 고객 서비스를 선보일 수 있지 않을까!

솔직히 고백하자면 우리는 프레타망제에서 종업원 두 명을 빼냈다. 작은 종이에 이름과 전화번호를 적은 다음 세인트마틴스레인에 있는 프레타망제에 찾아갔다. 이곳은 프레타망제 매장 중에서 가장 규모가 큰 곳으로 혼잡해서 의심을 덜 받지 않을까 생각했기 때문이다. 아무것도 모르는 종업원에게 다가가서 같이 일하자고 하는 장면을 상상해 보라. 우리가 얼마나 우스꽝스러운 기분이 들었는지 이해할 수 있을 것이다.

꾸물대고 꽁무니를 빼고 나갔다가 다시 들어오고 서로 미루기를 반복하다가 급기야는 용기를 내서 판매대에서 계란 샌드위치를 포장하던 종업원에게 다가갔다. 우리가 불쑥 나타나서 놀라기는 했지만 그는 침착했고 명민해 보였다. 우리는 함께 일하게 되면 현재보다 봉급을 많이 주겠다고 제안했다. 그는 전화를 하기로 약속했다. 그의 이름은 미구엘이었고 하루가 지나서 친구 맥스와 함께 우리를 만나러 왔다. 맥스 역시 프레타망제에서 일하고 있었는데 미구엘을 따라 직장을 옮기고 싶어 했다. 긴 얘기를 간단히 마무리하자면 우리는 그들이 프레타망제에서 교육을 받았다는 사실에 흡족하여 인터뷰 절차도 생략하고 사우스몰턴스트리트 매장이 개업하기 이틀 전에 다시 만나기로 결정했다.

그 다음엔 매니저를 구할 차례였다. 우리는 운 좋게도 미국의 한 커피 전문점에서 일한 적이 있는 탄야라는 캐나다 여자를 매니저로 확보할 수 있었다. 탄야는 새로운 방식의 커피 음료를 만드는 과정에 대해 훤히 알고 있었다. 그뿐만 아니라 최상의 맛을 지닌 휘핑크림 제조법과 펌프식 디스펜서로 핫초코 만드는 방법 등을 가르쳐 주었다. 커피 리퍼블릭에서는 지금도 이 방법을 사용하고 있다. 탄야는 매니저로 일한 경험은 없었지만 우리는 새로운 방식의 커피 전문점에 대해 해박한 지식을 가지고 있다는 사실이 마음에 들어 그녀를 매니저로 채용했다. 그리고 그녀가 관리하게 될 두 명의 시간제 종업원은 이미 잘 훈련된 상태이기 때문에 그다지 걱정할 필요가 없다는 말을 덧붙였다.

사우스몰턴스트리트 매장이 개업하기 이틀 전 맥스와 미구엘을 탄야에게 데려왔을 때, 우리는 비로소 두 사람의 영어가 유창하지 않다는 사실을 발견했다! 그들이 달변이 아니었던 이유를 흥분과 열정 때문이라고 생각하면서 그들이 어학 연수 중인 학생이라는 점을 간과했던 것이다. 프레타망제에서는 샌드위치를 만들고 판매대에서 포장을 하는 데 완벽한 영어를 구사할 필요가 없었다. 하지만 커피 리퍼블릭에서 제공하는 다양한 커피 음료를 런던 사람들에게 소개하고 개인의 취향에 맞는 음료를 만들기 위해서는 영어를 유창하게 구사할 수 있어야 했다!

사하는 개업식이 이틀밖에 남지 않은 시점에서 두 사람에게 영어를 가르치는 일에 박차를 가했다. 특히 맥스에게는 고객에게 "뭐라고요?"라고 말하는 것이 무례하다는 것을 가르쳤다.

사업가는 배달원에서 언어 선생에 이르기까지 다양한 역할을 소화할 수 있어야 한다. 사업에 필요한 역할이라면 무엇이든 할 수 있어야 한다. '주방장과 허드렛일을 하는 조수' 역할을 동시에 해야 한다!

이제 앞에서 자세하게 서술했던 내용을 일목요연하게 볼 수 있도록 사업 실행 단계에서 실제로 밟았던 과정을 아래에 정리해 보려 한다. 우리는 다음 목록에 적힌 모든 사항이 고객에게 메시지를 전달할 때 영향력을 발휘한다는 점을 알고 있었고 하나하나 제대로 실천하기 위해 최선을 다했다.

다음 목록을 갖고 우리는 첫 번째 매장이 문을 여는 날까지 올바른 방향을 유지하면서 사업을 추진할 수 있었다.

시간이 흐름에 따라 목록에 수록된 사항을 흡족한 마음으로 하나씩 지워 나갈 수 있었다. 그리고 목록에 있던 여러 가지 일이 눈에 보이는 모양으로 탈바꿈해서 사우스몰턴스트리트 매장의 토대를 형성하는 장면을 매일 목격했다. 날마다 사업의 발전을 눈으로 확인하는 것은 크리스마스 때 모양과 크기가 다른 선물 상자를 푸는 것보다 더 큰 흥분이고 기쁨이었다. 사업을 추진하는 단계에 미친 듯이 몰두했기 때문이라기보다 그 과정에서 있었던 사소한 일들 때문에 우리는 이 일을 더욱 사랑하게 되었다. 아무리 사소하고 평범하더라도 이 작은 일들이 모여서 새로운 사업을 이루는 것이다.

우리는 꿈이 현실로 구현되는 것을 눈으로 보고 몸으로 느낄 수 있었다. 사업가에게 이보다 더 만족스러운 일이 있겠는가!

최상 경로 분석
8월 1일 화요일

1. 은행에서
대출에 관한 토의

a) 타이밍—정부 허가는 단순한 절차에 불과한가?

b) 18개월의 원금 상환 유예 기간에 대해서 질문한다.

c) 정부 허가를 가속화할 방법은 없는가?

d) 저당 채무 증서 발행 비용을 포함시켰는가?

2. 수임료가 저렴한 변호사 물색
질문 사항

a) 은행 대출이 6주 정도 걸릴 수 있다. 상관없는가?

b) 8월 14일 사우스몰턴스트리트 매장 인수. 인수와 관련해 체크해야 할 문제는?

c) 임대 보증금을 지불하기 전이라도 건축 업자가 일을 시작할 수 있는가?

d) 수표를 지불해야 하는 시점은 언제인가?

e) 휴가를 떠날 경우 서류에 서명을 하기 위해서 언제 돌아와야 하는가?

3. 기술적인 문제

a) 솔로 사에서 제작한 컵을 미국에 주문한다.—10주 정도 소요

b) 구매해야 할 장비 목록 작성

8월 2일 수요일

1. 건축사 만남
토의해야 할 문제
a) 인테리어 과정에 대한 정확한 설명
    의자 선택 등에 관한 우리의 의견을 반영하기 위해서 건축
    사와 매일 접촉할 필요가 있는가? 매장 설계에 소요되는 시
    간은?
b) 보비가 제시하는 예산, 액수 제한
c) 로고—건축사의 도움을 받을 수 있는가?
d) 장비 물색을 도와줄 수 있는가?

2. 종업원
a) 매니저 물색—다른 커피 전문점에 문의한다. 직업 상담소에
    문의한다. 《이브닝스탠더드》, 《TNT》, 《루트》, 《호텔캐이터
    러》 등에 구인광고를 게재한다.
b) 바리스타 물색—시간제 종업원으로.
    프레타망제 등 주변에 문의
    《TNT》, 《이브닝스탠더드》에 광고 게재
    대학 접촉, 미국 대사관 접촉(미국 커피 전문점에서 일한
    경험이 있는 사람의 채용 가능성 타진)
    《호텔캐이터러》에서 상담 전화 서비스를 제공한다.
c) 봉급 문제
    봉급은 얼마나 지불할 것인가?

세금과 국민연금은 얼마인가?

종업원 훈련과 관련된 법적인 문제가 있는가?

d) 보너스 장려책

멋진 계획처럼 들리기는 하지만 어떻게 실시할 것인가?
회계사와 의논한다.

스타벅스에서 실시하고 있는 빈 스톡(Bean Stock, 종업원
에게 연봉에 12퍼센트에 해당하는 스톡 옵션을 주는 스타
벅스의 제도—옮긴이) 제도가 마음에 든다.

e) 훈련—종업원을 훈련시키는 방법

기술적인 훈련—커피 기계의 작동과 커피 음료 조제

동기 면에서의 훈련—각 고객을 열성적으로 대우할 수 있
도록.

f) 유니폼

티셔츠, 앞치마, 야구 모자

건축가에게 물어본다.

개인적인 위생 상태? 시행 방법은?

3. 메뉴

메뉴 아이디어와 가격을 최종 확정한다.

4. 장비

a) 커피 기계

침발리 제품으로 확정한다.

커피 시음을 한다.

훈련에 대한 계획을 확정한다.

배송 시기를 확인한다.

b) 분쇄기

커피 공급 업체에서 분쇄기를 무상으로 제공하는가?

침발리 측과 의논한다. 어떤 분쇄기가 최상인가?

c) 현금 출납기

회계사에게 현금 출납기의 종류에 대한 자문을 구한다.

시애틀과 프레타망제에서 사용하는 현금 출납기의 종류를 확인한다.

구매할 것인가 임대할 것인가?

d) 진열대

상호별 전화번호부를 보고 관련 회사에 전화한다.

가지고 있는 브로슈어를 모두 점검한다.

주변에 물어본다. 구매할 것인가 임대할 것인가?

e) 필요성 여부를 점검한다.

얼음 기계? (차가운 커피 음료는 필수)

토스터? 토스트를 좋아하기는 하지만 실용적인가?

냉장고 크기는?

f) 진열 장비

가루 통—코코아, 바닐라, 너트메그, 계피 등 네 종류의 가루 통을 모두 구비한다. 영국에서는 좋은 제품을 찾을 수 없으므로 미국에 주문한다.

설탕 통 혹은 향신료 통? 뉴욕에서 본 통의 모양이 기억나지 않는다.

케이크와 베이글의 진열. 그냥 해비탯에 가서 구매할까?

비스코티 병. 영국에서 구매할 방법이 없다. 미국에 주문한다.

g) 케이크를 자르는 칼 등 소형 주방용품. 업소용 주방용품점을 찾아볼까?

5. 공급 물자

a) 종이컵

내가 뉴욕에서 구매했던 커피 컵은 미국의 솔로 사 제품이었다.

영국에는 공급 업체가 없다.

미국에 주문하는 데 걸리는 시간은 8~10주이다.

로고를 컵에 인쇄할 것인가 아니면 스티커를 붙일 것인가?

컵은 정확히 몇 개나 필요할까?(전혀 짐작할 수 없다.)

b) 도자기 컵

정말 필요한가?

설거지는 손으로 할 것인가 기계로 할 것인가?

어느 편이 더 나을지 주변에 물어본다.

c) 이 밖에 또 무엇이 필요한가?

플라스틱 수저/칼/포크(약한 것은 안 된다.)

냅킨(로고가 새겨진 품질이 좋고 두꺼운 것)

물컵(뉴욕에서 보았던 것)

종이 가방(고급 재질에 로고가 새겨져 있고 손잡이가 튼튼한 것)

오렌지 주스용 컵(로고가 새겨져 있는 것)

케이크를 쌀 수 있는 종이(기름이 배지 않는 종이)

토핑으로 사용할 다량의 계피, 바닐라, 너트메그.

세인즈버리스에서 구매할까?

6. 음료 공급 물자

아래 물품의 공급 업체와 가격을 조사한다.

a) 커피

b) 우유. 우유 배달원이 그렇게 많은 양의 우유를 배달할 수 있을까?

c) 오렌지 주스. 새로 짠 신선한 제품이어야 한다.

d) 백설탕과 황설탕. 뉴욕에는 꿀도 있었다!

7. 음식 제품

a) 케이크와 머핀—얼마나 필요할까? 무지방?

b) 베이글. 브릭 레인의 베이글이 최고이다.

c) 비스코티—영국에선 비스코티가 무엇인지 잘 모른다.

d) 크루아상과 아침용 제품. 세인트 퀸틴 것이 최고지만 배송이 안 된다.

e) 초콜릿 크런치—초콜릿 과자

f) 샌드위치—어떤 종류? 잘 모르겠다!

8. 마케팅

a) 설계와 가격 책정

b) 고객 카드—열 번째 커피 음료를 무상으로 제공한다. 뉴욕에서 가져온 카드를 본떠서 사용한다.

고객 카드에 사용할 스탬프—CR이라고 찍힌 스탬프를 만들까?

광고지로 다양한 커피 종류에 대한 정보를 고객에게 전달한다.

포스터를 만들어 고객이 자신만의 커피 음료를 주문할 수 있도록 돕는다.

9. 음악

스테레오를 구입한다. 일반 가정용을 구입해야 하나 매장용으로 특별 제작된 제품을 구입해야 하나?

딕슨 사 제품이 좋을까? CD 혹은 카세트테이프는? 아니면 음악을 틀지 말까?

매장에서 클래식 음악, 바로크 음악, 파바로티 음악 등을 튼다.

제7장

좌충우돌 개업일
어떻게 해야 고객이 올까?

우리는 아이디어를 먼저 스스로에게 판매했고 다음에는 은행에 그 다음에는 공급 업체에 판매했다. 이제 무엇보다도 가장 크고 중요한 판매, 즉 고객에게 판매할 시기가 되었다. 한 해 동안 꼬박 우리는 이 궁극적인 판매를 위해서 준비해 왔다.

처음 타이 음식점에서 사업 아이디어에 대한 대화를 나눈 그날부터 거의 일 년 뒤인 1995년 11월 3일 밤이었다. 다음 날이면 커피 리퍼블릭이 처음으로 문을 여는 것이다! 여태껏 머릿속으로 상상하기만 했던 고객을 만나는 순간이었다.

그날의 느낌을 어떻게 묘사할 수 있을까? 꿈꾸면서 몇 개월을 보내고, 계획하면서 더 많은 시간을 보내고, 계획을 실행하는 과정에서 좌절을 극복해 왔다. 기나긴 시간을 보낸 후 처음으로 매장 문을 열고 고객을 맞이하려는 것이다. 그때 우리의 기분을 상상할 수 있겠는가?

정말 무서웠다! 처음으로 매장 열쇠를 손에 쥐고 문을 향해서 걸어갈 때면 아이디어를 마음에 품고 꿈을 꾸는 것이 실제로 꿈을 실행에 옮기는 것보다 훨씬 쉽다는 것을 깨닫게 된다.

우리는 수개월 동안 앞만 보고 달려왔다. 결코 멈추거나 의심했던 순간이 없었다. 자신만만함과 행복의 파도를 타고 개점을 향해 항해했다. 그 파도가 정확하게 매장 문을 여는 전날 저녁 7시에 멈추어 버린 것이다.

개점 전날 밤은 마치 중요한 시험을 앞둔 전날 밤 같았다. 우린 갑자기 변덕쟁이가 된 듯했다! 과거의 왁자지껄함과 움직임은 사라지고 으스스한 정적이 온 집을 덮었다. 커피 리퍼블릭 본부는 이제 우리 집 거실이 아닌 사우스몰턴스트리트에 있었다. 그토록 오랫동안 우리 생활의 중심이었던 온갖 서류와 파일이 갑작스럽게 자리를 옮겨 간 것이다. 이제 고객을 대하고 우리의 꿈이 시험대에 오르는 장면을 목격하게 된다! 할 수 있는 한 모든 변수를 통제해 왔지만 그 외의 변수는 이제 우리 능력 밖의 일이었다. 일 년 내내 준비해 온 시험을 앞둔 것처럼 초조하기만 했다.

그날 밤 있었던 온갖 중요하지 않은 자잘한 일들이 지금도 기억난다. 그날 밤의 불빛이라든가 온도라든가 했던 일 등 온갖 일들이 말이다. 우린 정말 긴장해 있었다. 하지만 우리는 잠시 매장 개업에 관한 서류와 할 일 목록을 옆으로 밀어 두었다. 한 가지 할 일이 남아 있었다. 비스코티를 실어 날라야 했던 것이다!

비스코티는 미국식 에스프레소 커피 전문점에 반드시 갖추어야 할 제품이었다. 사하는 매장에 반드시 비스코티를 구비해야 한다고 고집했다. 이탈리아식 비스코티를 쉽게 구할 수 있었지만 커피 리퍼블릭의 메시지를 제대로 전달하기 위해서는 미국식 비스코티를 딱 맞는 병에 담아 판매해야 한다고 생각했다. 미국식 비스코티는 훨씬 더 딱딱해서 음료에 담가 부드럽게 한 후에 먹는데, 이때 라즈베리, 바닐라, 초콜릿, 헤즐넛 등과 같은 '커피 리퍼블릭'

만의 맛을 갖게 된다.

개업 직전 사하는 미국식 비스코티를 직접 굽는 미국 여성을 알게 되었다. 무슨 이유에선지 비스코티는 두 번 구워야 하기 때문에 요리 시간이 길었다. 그래서 개업 전날 밤 8시가 되어서야 비스코티가 완성될 수 있었다.

비스코티를 가져온 후에 탄야, 맥스, 미구엘과 함께 유니폼을 갖춰 입고 정식으로 고객을 맞는 연습을 하면서 개점 전날 밤을 보냈다. 맥스와 미구엘은 커피 리퍼블릭만의 전문 용어를 영어로 발음하는 데 점점 자신감이 생기면서 조금씩 나아지고 있었다. 그리고 언제나 성실한 에바도 그 자리에 있었다. 그녀는 우리가 지향했던 5M이 제대로 갖춰졌는지 확인하면서 우리의 불안한 마음을 진정시키려 애썼다.

불안? 사실 불안하지 않은 구석이라고는 아무것도 없었다. 특히 우유, 음식 등 개업일에 필요한 제품의 주문이 그랬다. 장비 주문은 차라리 수월했다. 이미 형태가 잡혀 있는 것이고 제자리에 놓였을 때 어떤 모습일지 정확하게 시각화할 수 있기 때문이었다. 그러나 우유와 케이크 등과 같은 제품은 유동적이었다. 고객에 따라 혹은 고객이 주문하는 양에 따라 무엇이든 달라질 수 있었다.

그러나 그것을 예측할 수 있는 방법도 통제할 수 있는 방법도 없었다. 블루베리 머핀을 20개 주문해야 할까 아니면 50개? 아니면 100개? 초콜릿 케이크보다는 당근 케이크를 더 많이 주문해야 하나? 우유는 얼마나 주문하지? 전지우유만큼 탈지우유도 주문해야 할까? 반탈지우유는 어떻게 할까? 사람들이 무엇을 주문할 것인지 추측할 수밖에 없었고 불행하게도 올바른 추측을 하는 데 참고가 될 만한 교과서도 공식도 없었다.

결국 우리는 모든 제품의 주문량을 나름대로 추측해 마련해 두고 그에게 벗어나지 않기만을 기도했다! 이렇게 우리는 개업일을 맞이했다.

커피 리퍼블릭 개업일

짐작할 수 있을지 모르지만 우리 둘 다 그날 밤 잠을 제대로 잘 수 없었다! 몸은 탈진 상태였지만 머릿속에 끊임없이 의문이 떠올라 뒤척여야 했다. '아무도 안 오면 어쩌지?'

사하는 계속해서「더티 댄싱」에 나왔던 곡조를 읊조렸다. "제발, 제발, 제발, 조금만 더 머물러 줘요……." 커피 리퍼블릭에 좀 더 오래 머물면서 커피를 시음하는 즐거움을 체험하라고 말이다.

우리는 약속이나 한 듯 새벽 5시에 거실에 모였다. 이제 몇 시간만 지나면 우리의 꿈이 현실이 되는 것이다. 비가 오지 않아서 다행이었다.

우리는 다른 사업체의 매장이 10시에 문을 연다고 추정하고 커피 리퍼블릭의 개점 시간을 한 시간 빠른 9시로 정했다.

우리는 개업일 아침에 제품을 두 번 실어 날랐다. 사하는 세인트 퀸틴에서 크루아상과 페이스트리를, 보비는 풀햄 가에서 베이글을 가져왔다. 8시 30분경이 되자 몇몇 사람들이 매장 밖에 모여들었다. 믿기 힘든 일이었지만 그들은 주변 매장의 직원들로 호기심에 가득 찬 모습이었다.

마침내 8시 57분이 되자 우리는 개점 테이프를 잘랐고 맥스가 문을 열었다! 얼마 지나지 않아 우리의 245평방피트 면적의 매장은 북적거리기 시작했다. 이미 줄을 서기 시작했다. 살아 숨쉬는 고객들이 말이다! 이렇게 대단한 수요는 예상 밖이었다. 우리는 고객들이 점잖게 하나씩 들어와서 메뉴에 대한 설명을 여유 있게 들을 것이라고 예상했기 때문이다. 하지만 고객들은 밖에 내내 서 있었다는 듯이, 또한 오래전부터 캐러멜 라떼를 마셔 왔단 듯이 떼를 지어 몰려들었다. 고객들이 우리의 아름다운 매장을 엉망진 창으로 만들고 있을 뿐만 아니라 신경 써서 진열해 놓은 음식을 가리고 있다는 엉뚱한 생각이 들 정도였다! 11시가 되어도 극도의 혼란 상태는 계속되었다.

탄야, 맥스, 미구엘은 발에 땀이 나도록 바쁘게 움직였다. 음식 이 대부분 바닥났지만 어느 누구도 음식을 채우기 위해서 지하실 에 갈 만큼 여유가 없었다. 카운터 공간이 좁았기 때문에 뒷쪽에 서 동시에 할 수 있는 일이라고는 전혀 없었다. 진열대가 텅텅 비 고 줄을 길게 서 있던 고객이 발걸음을 돌리는 장면을 바라보는 것은 고통이었다. 하지만 우리가 할 수 있는 일이라고는 아무것도 없었다.

다행히 고맙게도 많은 친구들이 도우려고 나타났고 실제로 큰 도움이 되었다. 그러나 매장이 너무 혼잡했기 때문에 심지어는 친 구들에게 밖에 서 있으라고 해야 할 정도였다! 탈지우유가 바닥이 났을 때 한 친구는 매장까지 뛰어가서 사다 주기도 했다.

사업가는 '예측하지 못할 일까지 예측' 해야 한다고 한다. 정말 맞는 말이다. 우리는 항상 완벽한 고객의 이미지만을 그려 왔었 다. 소리 지르는 아이들의 모습은 상상하지 못했다. 무슨 이유인 지는 모르겠으나 상상으로라도 고객이 아이들을 데리고 나타나리 라는 예측을 한 적이 없었다. 그러나 개업일은 크리스마스 쇼핑을 하는 사람들이 많은 토요일이었고 매장은 아이들과 쇼핑에 지칠 대로 지친 사람들로 북적였다. 하지만 이렇게 말할 수는 없는 노 릇이었다.

"오늘은 개업일입니다. 제발 다른 고객의 옷에 주스를 엎지르지 말라고 자녀를 타일러 주시겠습니까?"

한 개구쟁이가 가뜩이나 복잡한 카운터에 장난감을 죽 늘어놓으며 소란을 피우자 보비는 어쩔 줄 몰랐다. 한 친구가 보비를 데리고 나가서 하노버 광장을 돌며 잠시 머리를 식히게 해야 할 정도였다. 매장으로 돌아왔을 때 그 아이가 없기를 바라면서 말이다.

사하는 꽃을 받는 것이 여성에게나 남성에게나 가장 기쁜 일 중 하나라고 생각해 왔다. 그러나 막상 개업을 축하하는 화사한 꽃다발을 받아들자 가뜩이나 혼잡한 매장이 더 혼란스러워 보이지 않을까 두려움이 앞섰다. 꽃다발을 어찌 해야 할지 몰라 쩔쩔매다가 마음씨 좋은 친구에게 버리듯 줘 버렸다!

고맙게도 꼭 찾아오겠다고 으름장을 놓았던 린도프 씨(친절한 은행 대출 담당자)가 나타나지 않았다. 혼란과 무질서는 전혀 예상치 못했던 일이었고 우리 둘은 이미 지칠 대로 지쳤기에 그가 오지 않은 것이 다행이었다.

우리 인생에서 가장 길었던 날이 지나고 저녁 7시에 문을 닫고 나자 탄야와 맥스, 미구엘은 말 그대로 그 자리에 쓰러졌다. 그나마 다음 날이 휴일이어서 휴식을 취할 수 있었던 것이 다행이었다. 그렇지 않았다면 그들 모두 일을 그만두었을지도 모른다. 그날 우리는 500파운드의 매상을 올렸다. 놀라운 결과였다. 예상했던 매상은 300파운드였고 손익분기점은 600파운드였다. 우리는 이미 성공 궤도에 올라선 것 같은 느낌이 들었다.

파울로 코엘료는 『연금술사』에서 '호감도(好感度)'의 원칙을 다음과 같
이 서술했다.

"처음 카드놀이를 하면 거의 확실하게 이긴다. '초보자의 행운
(Beginner's Luck, 라스베이거스 카지노에서 통용되는 용어로 슬롯머신
이나 카드놀이를 처음 하는 사람이 돈을 따는 경우를 말한다. ─ 옮긴이)'
때문이다. 모종의 힘이 존재하며 그 힘은 당신이 스스로의 운명을 깨닫기
를 원한다. 그 힘은 성공이라는 맛으로 당신의 식욕을 돋운다."

우리의 첫째 날을 적절하게 묘사한 말이다. 커피 리퍼블릭에 초
보자의 행운이 많이 따랐다. 개업일은 크리스마스 쇼핑이 시작되
는 첫 번째 토요일이었다. 그러나 우리 몫의 초보자의 행운은 다
음 주 월요일에 바닥이 났다. 그날의 매상은 겨우 215파운드였다.
그리고 이 판매고는 몇 개월이 지나도 내내 제자리걸음이었다.

탐색은 모두 초보자의 행운으로 시작해서 냉혹하게 시험을 치른 승리자
에 이르러 끝을 맺는다.

─『연금술사』

1월의 실적은 정말 충격 그 자체였다. 개업 때의 행복은 사라지
고 주중 매상은 여전히 200파운드 언저리를 맴돌았다. 크리스마스
쇼핑 시즌의 토요일 매상조차도 썩 좋지 않았다.

엎친 데 덮친 격으로 새로운 사업체들이 경험하게 되는 문제점

들이 점차 표면으로 떠오르기 시작했다.

아침에 크루아상과 베이글을 나르고 점심 때 샌드위치를 직접 나르는 일은 비경제적일뿐만 아니라 시간도 너무 많이 걸렸다. 상품을 배송하기 위해서는 도로의 황색선에 주차를 해야 했기 때문에 주차 벌금이 판매고를 훨씬 초과했다.

머핀과 무지방 케이크를 공급하던 여성은 매일 배달을 해야 한다는 압박감을 이겨 내지 못했다. 늦게 나타나기도 하고 심지어 좀 쉬고 싶은데 배달을 하지 않으면 안 되겠냐고 묻기도 했다. 급기야는 바로 구운 것처럼 보이려고 아침마다 냉동 머핀에 글레이즈를 발라 납품했다는 사실을 사하가 알아차리게 됐다.

종업원 관리에 경험이 없었던 점도 문제가 되었다. 지금 생각해도 그 당시 주 단위로 바리스타를 교대했던 조치를 이해할 수 없다. 우리가 할당했던 교대 시간은 지나치게 길었다. 일주일에 오일 동안이나 일하고 나면 탄야, 맥스, 미구엘은 피곤에 절었고 힘들어 했다. 그들에게 동기를 부여하려고 최선을 다했지만 어려움은 가중되기만 했다. 프레타망제에서 일하던 맥스와 미구엘의 친구들을 더 고용했지만 종업원 관리가 제대로 이루어지지 않은 상태에서는 아무런 도움도 되지 않았다.

어긋날 가능성이 있는 일은 모두 어긋난다!

종업원이 늦잠을 자서 매장 문을 늦게 여는 일이 발생하곤 했다. 우유 배달원에게 이른 아침 시간에 매장 밖에 우유를 놓아 두게 했는데 우리가 매장에 도착할 때쯤에는 우유의 반을 이미 도둑 맞고 난 후였다.

결코 잊을 수 없는 날이었다. 기계에서 뽑은 에스프레소의 맛이 짰다. 정말 짰다. 커피에 사용하는 물을 필터로 걸러서 사용했는

데 매달 필터를 교환해야 한다는 말을 공급 업자에게서 듣지 못했다. 필터를 제때 교환하지 않으면 에스프레소 한 잔에 세 스푼에 해당하는 소금이 들어간다는 것이었다. 사하가 열 번째로 에스프레소를 맛보았기 때문에 그나마 다행이었다. 사하는 당시에 라떼에서 났던 끔찍한 맛과 앞서 매장을 나갔던 아홉 명의 고객이 끔찍한 맛의 액체를 맛보았을 생각에 소름이 끼쳤던 것을 지금도 기억한다. 다행히도 그들은 모두 되돌아왔다. 우리는 에스프레소를 새것으로 교체해 주고 머핀을 덤으로 주면서 우리가 저지른 실수를 잊어 주기를 바랐다.

그날 이후로 커피 리퍼블릭에는 새로운 규칙이 생겼다. 매일 아침 매장 문을 열기 전에 바리스타가 처음 세 잔의 에스프레소를 먼저 맛보는 것이었다.

이렇듯 예상치 못했던 상황을 하나하나 극복해 나갔지만 판매고는 여전히 제자리걸음이었다.

매일 매장의 창가에 앉아서 우리가 타겟으로 삼았던 고객이 매장 앞을 그냥 지나가는 것을 지켜보던 일이 지금도 생생하게 기억난다. 교통량도 많았고 우리가 항상 얘기하던 사무실 직원이나 쇼핑객이 우리 코앞을 지나다녔지만 매장 안으로 들어오진 않았다. 그들은 그 나름대로 일상이 있었고 우리 매장에 오는 건 생활의 일부분이 아닌 것 같았다. 더 끔찍했던 일은 많은 사람이 우리 매장에는 관심도 가지지 않은 채 손에 폴리스티렌 컵을 쥐고 매장 앞을 지나갔던 것이다. 완전히 새로운 우리의 컨셉에 대해서는 경미한 수준의 호기심조차 보이지 않았다.

복잡한 아침 시간이 지나고 나면 보행자의 관심을 끌기 위해 맥스와 미구엘을 거리로 내보내 시음용 커피를 제공하게 했다. 그러나 바리스타가 유니폼을 차려입고 바닐라 라떼와 소형 무지방 머핀을 무료로 나누어 주어도 보행인의 일상생활의 틀을 깨기에는 역부족이었다.

콘데 나스트에 근무하는 여성들은 다 어디에 있는 걸까? 사하는 저칼로리 라떼와 무지방 머핀이 그들을 끌어들일 것이라고 확신했지만 그들은 결코 매장을 찾지 않았다. 사하는 심지어 런던 패션 위크(세계 패션계의 최고 이벤트 중 하나 — 옮긴이)에 상품 진열대를 설치하고 라떼와 브라우니를 무료로 나누어 주기도 했다. 하지만 이 방법조차도 아무런 효과가 없었다.

판매량이 증가할 때까지는 사실 할 수 있는 일이 거의 없었다. 매장에 앉아서 고객이 오기만을 기다리는 동안 우리는 더욱 의기소침해질 수밖에 없었다. 전직 변호사와 투자은행가가 245평방피트의 매장에서 밤낮으로 일했지만 아무런 소득이 없었던 것이다. 그러나 어찌 됐든 우리는 포기하지 않았다.

3월 말이 되자 보비는 사업을 포기할까 잠시 고민했다. 그러나 사하는 사업의 성공을 자신의 최종 목표이자 유일한 선택으로 생각하고 100퍼센트 헌신하는 태도를 보였다. 스스로 대단한 일에 종사하고 있다고 믿었고 다른 사람도 곧 생각을 바꿀 것이라고 굳게 믿었다. 게다가 자기 일을 사랑하게 되었기 때문에 법조계로 돌아갈 생각은 추호도 없었다.

그러나 보비가 처한 상황은 달랐다. 보비는 여전히 리먼브러더스로부터 재취업 제의를 받고 있었다. 머리 위의 막대기에는 여전히 당근이 매달려 있었고 앞날이 보장될 뿐만 아니라 수익성 높은 탈출구가 있었다. 3월에 보비는 거의 사업을 포기하려 했다. 리먼브러더스에서 같이 일하던 동료가 엄청난 보너스를 받았다며 흥분해서 전화를 걸어 온 데다가 커피 리퍼블릭에서는 아무런 성과도 나타나지 않았기 때문이다.

부활절 월요일 다음 날이었다. 사하가 주방 테이블에서 커피 리퍼블릭의 청구서를 정리하고 있을 때 보비가 사업을 그만두겠다는 얘기를 꺼냈다.

사하는 보비의 결심을 돌이킬 방법을 생각해 낼 수 없었다. 자신 또한 커피 리퍼블릭에 매우 감정적으로 개입해 있는 상태였기 때문에 자신의 주장은 설득력이 없을 터였다. 물론 사업에는 열정과 감정을 지닌 사람이 필요하지만 사업적 결정만큼은 감정의 개입 없이 냉철하게 내려야 한다. 사하는 자신이 커피 리퍼블릭에 지나치게 열정을 가지고 있기 때문에 보비를 설득할 수 있을 만큼 합리적인 논쟁을 할 수 없다는 점을 알고 있었다.

그래서 사하는 자신의 친구이자 보비의 친구인 조지에게 전화했다. 조지는 지적이며 언제나 상황을 분명하게 정리하고 자신의 생각을 숨김없이 말하는 인물이었다. 보비는 항상 조지의 판단을 존중했다. 사하는 조지가 커피 리퍼블릭을 환상적인 아이디어라고 늘 생각해 왔다는 점에 은근한 기대를 걸고 있었다.

조지는 우리 문제에 개입해서 며칠 동안 보비와 실랑이를 벌이면서 포기하지 말라고 설득했다. 우리 모두 그날 조지가 우리를 위해 한 일을 결코 잊지 못할 것이다. 영혼이 꺾이는 순간에 친구의 지원이 얼마나 큰 힘이 되는지 깨달았다.

언제나 동이 트기 전이 가장 어둡게 마련이며 동이 트지 않는 날은 결코 없다. 이 말은 진리일지도 모른다. 하지만 사업 초기 6개월 동안 우리가 겪은 일은 정말 암흑임에 틀림없었다. 우리는 햇살이 반짝이며 비칠 날은 언제 올 것인지 아니 오기나 할 것인지 하며 때때로 의문을 갖곤 했다.

나폴레온 힐은 『생각하라 그러면 부자가 되리라』에서 '인내력 시험'에 대해 언급했다.

"사람의 내면에는 누구나 길잡이가 숨어 있어서 용기를 꺾는 온갖 경험을 하게 하여 사람들을 시험한다. 패배한 후에도 벌떡 일어나 계속 노력하는 사람들은 마침내 성공을 거두고 세상은 그런 사람을 향해 '만세! 난 네가 해낼 줄 알았어!'라고 외친다. 그러나 숨은 길잡이는 '인내력 시험'을 통과하지 못한 사람에게는 커다란 성취감을 맛볼 기회를 주지 않는다."

4월 첫 주가 되자 커피 리퍼블릭에 동이 텄다.

그때까지 언론으로부터 전혀 관심을 끌지 못했던 커피 리퍼블릭이 에어 링거스 기내 잡지에 기사가 게재되는 믿기 어려운 일이 일어났다. 육십여 명의 사람들이 기사가 실린 잡지를 휘두르며 나타났다. 《월페이퍼》의 설립자인 타일러 브룰레는 《인디펜던트온선데이》에 '제3의 장소'에 대한 영향력 있는 기사를 실으면서 커피 리퍼블릭을 합리적인 가격으로 호사를 누릴 수 있는 새로운 장소로 소개했다. 뒤이어 《보그》와 《태틀러스》 4월호에도 관련 기사가 실렸다. 《보그》는 "커피의 선택이 커피 외에 아무것도 넣지 않거나 크림을 넣는 것뿐이라고 생각하는 사람이라면 커피 리퍼블릭에서는 훨씬 다양한 선택을 할 수 있다는 데 놀랄 것이다."라는 내용의 기사를 게재하면서 시나몬 라떼를 추천했다. 그 결과 시나몬 라떼의 판매고가 치솟았다.

기사의 내용은 판매고에 즉각 영향을 미쳤다. 판매 곡선이 마침내 상승하기 시작했다.

우리는 '인내력 시험'을 통과했다!

언론의 관심으로 에너지를 새롭게 충전하고 나서 우리는 컨셉을 좀 더 개발시키기 위한 작업을 했다. 고객층의 범위를 넓히고 싶었다. 또한 고소득층이 커피 리퍼블릭의 주요 소비자층이라는 사실을 깨닫게 되었다. 잡지 기사도 '에바 지리크나가 설계한 안식처'라는 용어를 사용해서 이 점을 부각시켰다. 그런데 우리가 실수했다는 사실을 깨달은 것은 바로 이 무렵이었다. 커피 전문점이 지나칠 정도로 고급스럽게 설계되어 다소 접근하기 어려운 분위기를 풍겼기 때문에 대중교통을 이용하는 일반 고객들이 약간 위압감을 느꼈던 것이다.

비용을 들여 다시 설계할 수 있는 형편이 아니었기 때문에 우리는 사업가적인 본능을 발휘하기로 했다. 매장의 순백색 벽이 문제일지도 모른다는 생각을 했다. 그래서 어느 일요일 잡화 매장에 들러 색상 표를 훑어보면서 가장 무난한 캐러멜 베이지색 페인트를 두 통 샀다. 에바 지리크나뿐만 아니라 심지어 그녀와 정반대의 취향을 가진 그 누구라도 끔찍해 할 만한 색상이었다!

우리 남매는 색상을 고르며 약간 의견 충돌이 있었다. 사하가 그 색깔을 끔찍해 하면서 눈물이 글썽할 정도로 강력하게 반발했기 때문이었는데 덕분에 그동안 그토록 힘들게 쌓아 올린 의좋은 남매라는 명성에 흠집을 낼 뻔했다. 그러나 보비의 견해가 옳았음이 곧 증명되었다. 좀 더 따뜻한 색깔로 바꾼 것은 효과가 있었다. 캐러멜 베이지 계통의 색채를 사용하자 매장은 즉시 좀 더 친근한 장소로 보였다.

그후 일주일이 지났을 때였다. 내내 마음속으로만 그리던 장면을 실제로 목격하게 되었다. 사우스몰턴스트리트를 따라 쓰레기차를 몰고 가던 사람이 매장 밖에 차를 세우고 직장인, 매장 직원, 유행의 첨단을 걷는 옷차림을 한 사람들 사이에 줄을 서서 그랑데 모카를 주문했다. 우리는 이 순간 진정한 성취감을 맛보았다. 어디선가 이런 문구를 본 적이 있다.

"누구나 호사스러운 자동차를 타고 호사스러운 휴가를 보내고 호사스러운 음식을 먹을 수는 없지만, 호사스러운 커피는 누구나 즐길 수 있다."

우리는 그 기회를 제공하는 데 성공한 것이다.

훌륭한 제품을 갖고 있기 때문에 사람들에게 시식만 하도록 하면 된다는 것은 커피 리퍼블릭 사업이 가진 커다란 장점이었다. 우리는 사람들에게 긍정적인 커피 체험을 제공함으로써 한 번에 한 사람씩 고객을 확보해 갔다. 나머지는 입소문이 해결해 주었다.

우리는 전통적인 마케팅 전략을 쓰지 않았다. 이에 대한 지식이 전혀 없었기 때문이다. 고객이 반복해서 매장에 오도록 만드는 유일한 방법은 올 때마다 고품질의 체험을 꾸준히 제공하는 것이라고 믿었다. 그렇게 되면 그 체험은 고객의 일상에서 '호사스러운' 부분이 될 것이다. 우리가 고객의 입장이더라도 그럴 것이었다. 게다가 우리는 이미 고객의 입장에 있었으므로 그러한 방법은 효과를 거두었다!

힘든 일도 많았지만 재미있는 순간들도 늘 함께 있었다. 가장 재미있는 이야기는 시의회를 거듭 설득해서 사우스몰턴스트리트 매장 바깥에 벤치 두 개를 설치할 수 있도록 승인을 받았던 일이다. 사하는 뉴욕의 소호 지역인 스프링스트리트에 있는 커피 전문

점에서 이 아이디어를 얻은 후 늘 커피 리퍼블릭에 적용해 보고
싶어 했다. 바깥의 벤치에 앉아서 아이스 라떼를 마시면서 세상
돌아가는 모습을 지켜보면 좋겠다는 것이 사하의 생각이었다.

우선 상호별 전화번호부를 뒤져서 공원용 벤치를 공급하는 회
사의 전화번호를 찾았다. 꽤 많이 연구한 끝에 벤치 두 개를 주문
했다.(크기와 모양이 각기 다른 공원용 벤치가 스무 종류나 있다는
사실을 알면 놀랄 것이다. 하지만 이 중에서 커피 컵을 올려 놓을 수
있는 두툼한 손잡이가 있는 '멘딥'이라 불리는 벤치가 우리 스타일에
맞았다.)

봄철의 런던은 앉아서 커피 마시기에 더할 나위 없이 멋진 곳이
기 때문에 4월까지는 멘딥을 배달받고 싶었다. 그러나 인기 있는
물품의 배달은 희망하거나 예상하는 것보다 훨씬 더 지체되게 마
련이다.

배달이 예정된 날 사하는 집에서 사우스몰턴스트리트 매장의
매니저에게서 벤치가 도착했다는 확인 전화를 기다리고 있었다.
정오가 되어도 전화가 오지 않자 사하는 조바심이 났다. 공장까지
달려갈 생각을 하고 막 집을 뛰쳐나온 순간 절묘하게도 조용한 켄
싱턴 거리에서 끔찍한 교통 체증 같은 것을 보았다. 사하는 잠시
그곳으로 눈길을 돌렸다. 자동차는 경적을 울려 대고 운전자는 차
에서 나와 소리를 지르고 있었다. 순간 사하는 40피트 길이의 트
레일러트럭이 작은 주택가의 골목으로 접어들고 있는 엄청난 장면
을 목격했다. 트레일러트럭이 정적을 깨면서 골목에 들어서는 순
간 사하는 트럭 옆에 자신이 주문한 벤치 사진이 붙어 있는 것을
보고 당황해서 어쩔 줄을 몰랐다. 벤치가 사하의 집으로 배달되고
있던 것이다!

우여곡절 끝에 사우스몰턴스트리트 매장 앞에 벤치가 설치되었

고 이 벤치는 마치 피리 부는 사나이처럼 지역 주민을 끌어들였다. 사람들은 거의 무릎 위에 포개 앉듯 벤치에 가득 앉아서 맛있는 커피를 즐겼고 사우스몰턴스트리트를 오가는 런던 멋쟁이들의 모습을 지켜보며 봄철의 도시가 주는 기쁨을 만끽했다.

이야기는 여기서 끝나지 않는다. 일주일이 지난 어느 날 아침, 사하는 벤치의 가장 좋은 자리를 차지할 욕심에 서둘러 출근했다. 하지만 사하에 앞서 종업원이 도착했을 때 이미 벤치는 사라지고 그 자리는 텅 비어 있었다!

한밤중에 도둑을 맞았던 것이다. 트레일러트럭을 몰고 와서 가져간 게 틀림없다. 지금도 우리는 도난당한 중고 벤치를 구매한 사람이 누구인지 궁금하다. 이 일로 우리는 커다란 교훈을 얻었다. 다시 들여놓은 벤치는 안전을 위해서 체인을 매달아 매장에 연결해 놓았다. 그러나 체인을 자르려고 시도한 흔적을 발견한 후로는 안쓰럽게도 바리스타들이 매일 밤 벤치를 매장 안에 들여놓아야 했다. 결코 쉬운 일은 아니다!

실제로 사업을 수행한 6개월 동안 우리는 다음과 같은 교훈을 배웠다.

법칙 47: 고객이 몰려들 것이라고 기대하지 마라. 성공은 결코 거저 주어지지 않는다.

고객들은 새로운 아이디어를 쉽게 받아들이지 않는다. 훌륭한 것이라 하더라도 시간이 걸리게 마련이다.

커피 리퍼블릭은 즉각 성공을 거두지 못했다. 적당한 시기에 일었던 커피 열풍에 편승하는 행운이 따르기도 했지만 설사 그럴 때라도 저절로 주어진 것은 아무것도 없었다.

무엇이든 얻기 위해서는 열심히 일해야 한다. 또 은행가, 공급업자, 중개인 등 사업상 만난 이들과 마찬가지로 고객 역시 처음에는 당신의 비전에 공감하지 않을 것임을 각오해야 한다.

법칙 48: 신참 사업가에게 가장 필요한 건 '끈기'다.

계속 확신을 가지고 인내력 시험을 통과해야 하는 것은 사업가인 당신의 임무이다. 절대 포기하지 마라!

성공한 사업가가 그렇지 않은 사업가와 다른 점은 절대 포기하지 않는다는 것이다. 사업가의 길을 가다 보면 수많은 걸림돌을 만나게 되는데 그때마다 '끈기'가 필요하다. 사업이 활기차게 돌아갈 때라도 초기에 헌신해서 그 자리에 서게 된 것처럼 계속해서 사업에 매진해야 한다.

법칙 49: 사업의 초점을 고집하라.

사업가의 길을 얼마나 걸어왔든지 간에 사업가는 물의 흐름을 거슬러 계속 헤엄쳐야 할 뿐만 아니라 끝까지 버텨 내야 한다. 우리의 경우 개점하기까지 온갖 힘든 과정을 거쳤지만 초기 판매는 매우 저조했다.

이 시점에 이르면 주위에서 온갖 압력이 들어오기 시작하고 항상 재앙만을 머릿속에 떠올리는 비관주의자들이 "내가 그럴 거라고 했잖아."라고 말하기 시작한다.

그러나 우리는 끝까지 버텨 냈으며 초점을 변화시키라는 압력에도 굴복하지 않았다. 계속 색다른 커피 체험에 초점을 맞추었고 우리가 제공하고 있는 부가가치를 믿었다. 6개월이 걸리기는 했지만 그 결과 마침내 성공을 거둘 수 있었다. 처음부터 자신의 아이디어가 훌륭하다는 사실을 믿었고 조사 결과가 그러한 사실을 입증한다면 곤경에 빠졌다고 해서 포기할 이유가 없지 않은가? 하지만 쉽게 살아가는 길을 기대한다면 사업가가 될 생각은 하지 마라.

법칙 50: 사업은 단거리 경주가 아니라 마라톤이다! 자기 자신을 보살펴라.

사업 초기에는 사업가 자신이 사업의 아이덴티티와 매우 밀접하게 연결되어 있기 때문에 반드시 스스로를 보살펴야 한다. 운동하고 휴식을 취하는 시간을 확보하고 즐겁게 생활하라. 건강에 좋은 음식을 먹고 때로는 삶의 작은 호사를 부려 보기도 하고 자신의 행복에 긍정적인 영향을 미칠 수 있는 일은 무엇이든 열중하라. 자신을 속박하지 않고 자유롭게 해 주면 사업도 서서히 긍정적인 영향을 받을 것이다. 사업 때문에 자신의 행복을 희생한다면 장기적으로는 사업 자체에도 부정적인 영향을 끼칠 것이다. 사업은 당신 모습의 확장이기 때문이다.

열심히 일하는 사람의 모습이라 하면 단정치 못하고 탈진한 듯한 이미지를 떠올리기 쉽다. 그러나 사실 그렇지 않다! 이는 시간을 적절하게 관리하지 못한다는 증거이다. 사업가는 앞에 놓인 길고도 험한 길을 가기 위해서 에너지와 활력, 그리고 강한 신념이 필요하다. 자신이 투자한 사업의 설립자가 헝클어진 모습을 보이기 시작하면 염려스러워진다는 한 투자가의 말을 들은 적이 있다. 외모 관리의 실패는 문제의 시작을 의미한다.

지속적으로 자신을 보살펴라. 당신이 강인하고 행복해질수록 당신 사업 또한 그렇게 될 것이다.

"게임이 끝나기 전에는 게임의 승패를 알 수 없다."

사업가에게 이보다 더한 진리는 없다. 당신은 지속적으로 시험당할 것이고 그때마다 인내해야 한다. 사업가의 여정을 걷는 많은 사업가들은 예상했던 것보다 훨씬 어렵고 기대했던 것보다 훨씬 오래 걸리지만 그 자체가 여정의 백미라고 말한다. 에베레스트 산을 등반하는 것과 마찬가지이다. 산을 등반하는 데서 오는 전율 때문에 그토록 높은 곳을 어려움을 극복하며 오르는 것이다.

그것이 1996년 4월 당시 우리의 상황이었다. 장애물과 의심, 두려움은 모두 추억거리가 되었다. 손익분기점에 도달했고 판매고와 브랜드 인지도는 나날이 상승 곡선을 그리며 증가했다. 마침내 물의 흐름이 우리 편으로 돌아선 것이다.

> **매일 1퍼센트의 차이가 3개월을 넘기면**
> **100퍼센트의 차이를 만든다는 사실을 기억하라!**

제8장

사업을 어떻게 성장시킬까?

탄생에서 성숙까지

성장할 것인가 말 것인가?

사업이 상승 곡선을 타고 있다. 이 단계에 이르면 기술적인 의미에서 사업가가 해야 할 일은 모두 한 셈이다. 사업 계획서에 수립해 놓은 목표를 완수했고 자신의 꿈을 100퍼센트 달성한 것이다.

그렇다면 이제 발을 올려놓고 느긋하게 휴식을 취할 때인가? 샴페인을 터뜨리고 편안하게 앉아서 사업이 저절로 돌아가도록 놔두어도 되는가? 이제 모든 힘든 일은 다 끝난 것인가? 그러려면 엄청난 행운이 따라야 할 것이다! 지금 느긋하게 앉아 있다면 축하 음식을 다 먹기도 전에 당신의 사업은 자취를 감추고 말 테니 말이다.

이제 '다음 단계'로 전진해야 한다.

법칙 51: 평지는 없다. 올라가거나 내려가야 한다.

현실은 언제나 냉혹하다. 어떤 시기든 당신의 사업은 두 방향

중 한 방향을 향하게 되어 있다. 올라가거나 내려가는 것이다. 사업에서 평지는 존재하지 않는다. 통계 자료를 보더라도 사업이 계속 침체되어 있거나 소규모로 명맥만 유지하는 일은 있을 수 없다. 또한 그저 안정성만 유지하기를 바랄 수도 없다. 사업은 발전하거나 죽는다.

사업은 사람처럼 살아 있기 때문이다.

사업은 연속적인 몇 단계를 거치면서 사람의 성장과 동일한 패턴을 따른다. 어린아이가 청년 시절을 거치지 않고 어른이 될 수 없는 것처럼 사업체도 정해져 있는 성장 단계를 거쳐야 한다.

'사업 성장의 생명 주기 모형(life-cycle model of business growth)' 이론은 실제로 인간 성숙의 생물학적인 유추에 근간을 두고 있다. 이 이론은 대략 이러하다.

"사람이 생리적, 심리적 발달 단계를 거치듯이 사업도 예측할 수 있는 방법으로 진화하는 동시에 성장 과정에서 유사한 문제에 부딪치게 된다. 회사의 성장 단계가 다르다면 매니저의 임무와 우선순위도 다를 수밖에 없다. 자녀의 연령층에 따라 부모가 직면하게 되는 도전의 종류가 달라지는 것과 같은 이치이다."

— 아마 바이드, 『새로운 사업의 기원과 진화』

사업이 자연적으로 진화하고 변화할 때 다음 단계를 예측하지 못하면 실패할 확률이 크다. 주변의 모든 상황도 같이 변화하기 때문이다. 시장과 운영 환경이 변화할 것이고 대처해야 할 일 중

에 변화하지 않는 것은 찾아보기 힘들 것이다. 사태가 발생하기 전에 미리 생각해 두지 않는다면 경쟁자로부터 받게 되는 압박감을 극복할 수 없을 뿐만 아니라 판매 증가로 인해 생기는 부담을 견딜 수 없을 것이다.

사업적으로 어떤 결정을 내리든 사업은 다음 중 하나의 경우에 해당될 것이다.

· 성장한다.
· 소규모로 남는다.
· 항복한다.

사업이 진보하고 있다면 정체 상태에 머물지 않음에 감사해야 한다. 그리고 동시에 다음 단계에 대해서 생각하고 적합한 결정을 내려야 한다. 결정을 내리기 전에 우선 회사가 성장할 준비가 되어 있는지 생각하라.

성장을 위한 준비

당신은 준비되었는가?

사업을 성장시키고 싶다면 늘 냉엄한 현실에 대한 교훈을 직시하라. 앞에서 사용했던 비유로 돌아가 보자. 아이가 자라면서 인격이 변화하는 것처럼 사업도 변화한다. 성장은 새로운 인물을 팀에 충원하고 새로운 구조와 계획을 회사에 적용하게 되는 것이다. 엄청난 헌신과 투자를 각오해야 한다는 의미이다. 또한 사업 세계에 처음 발을 들여놓을 때 가지고 있던 어린아이의 요소를 버려야 한다는 의미이기도 하다. 사업은 점차 설립자와 밀접한 관련이 있는 친숙하고 작은 형태를 떠나서 사업 그 자체를 향해 새로운 발자국을 내딛으려 한다. 사업가는 종종 이러한 현실을 받아들이는 데 어려움을 느낀다.

사업은 준비되었는가?

사업이 더욱 성장할 경우의 변화를 예측하고 이에 대한 계획을 세웠는가? 새로운 사람을 고용하고 관리할 준비를 갖추었는가? 관리 체계는 적절한가? 이제 막 사업을 시작했다면 이러한 문제는 먼 미래의 일로 여겨질 것이다. 그러나 마음속으로 심사숙고하는 것은 일찍 시작할수록 좋다.

시장은 준비되었는가?

시장은 당신의 사업 성장을 수용할 만큼 큰가? 사업이 자리를 잡자마자 직면하게 되는 중요한 질문이다. 수요는 충분한가? 고객이 얼마나 있는가? 경쟁 업체는 당신 사업의 등장에 어떤 반응을 보일 것인가? 미래 계획은 무엇인가? 시장에서 당신 사업의 위상을 확실하게 부각시켰는가? 시장의 미래는 밝은가? 시장의 동향은 당신에게 유리한가? 이러한 모든 요소는 본질적으로 외부 요인이기 때문에 대체로 사업가의 통제권 밖에 있다. 그럼에도 위의 질문에 대한 답변을 매일 검토해야 한다. 그래야 사업을 성장시키기 위해 필요한 조치를 언제 취해야 할지 파악할 수 있다. 한발 앞서 계획한다면 적절한 시장 조건이 형성되었을 때 성장을 만끽할 수 있다.

회사는 재정적으로 준비되었는가?

자본은 성장의 주요 구성 요소이다. 당신의 조직이 성장할 준비를 갖추었고 시장에서 기회가 주어졌다면 무엇보다도 눈앞의 성장 잠재력에 투자할 자본을 조성해야 한다.

성장하기에 충분한 현금을 보유하고 있는가? 아니라면 성장을 위한 자금을 조성해야 하는가? 회계 체계는 탄탄한가? 필요한 현금의 양과 시기를 파악하고 있는가? 사업 실적이 외부의 투자가를 끌어들이기에 충분한가?

법칙 52: 경고—속도를 감시하라. 성장이 사업을 죽일 수도 있다.

시장, 사업, 자본의 측면뿐만 아니라 개인적인 전망에 비추어서 성장을 준비해야 한다. 준비가 갖추어지기 전에 성장하는 것은 치명적인 실수이다. 실제로 그러한 미숙한 성장으로 사업이 죽을 수 있기 때문이다.

다섯 살로 태어날 수 없는 것과 마찬가지로 하루아침에 사업을 제국으로 만들 수는 없다. 사업의 성장도 사람의 성장과 마찬가지로 단계를 거쳐야 한다. 청소년기의 혼란스러운 변화를 겪지 않고서는 어른이 될 수 없으며 아기 과정을 거치지 않고 아이가 될 수 없다.

훌륭한 소매 개념을 가지고 성급하게 체인을 형성하려는 욕심으로 적절한 과정, 즉 사업 계획이 필수적인 단계들을 생략하는 경우가 종종 있다. 이러한 사업은 적절하게 양육되지 못했기 때문에 결과적으로 제대로 성장하지 못한다. 한 성장 단계를 생략하면 다른 성장 단계에서 부담이 가중되어 결국 모두 폭발하고 만다. 먼저 제품이나 서비스의 품질이 저하되기 시작하고 이때부터 빠른 속도로 몰락의 길을 걷게 된다.

앞에서도 예를 들었던 인터넷 사업의 경우를 생각해 보자. 어떤 사람들은 인터넷 사업이 사업 성장에 대한 사고의 변화를 보여 주었을 뿐만 아니라 사업에서 반드시 필요한 요소로 여겨졌던 단계를 거치지 않고도 성장할 수 있다는 점을 보여 주었다고 주장했다. 그러나 그 결과 어떤 일이 발생했는지 보라. 인터넷 사업의 붕괴는 사업 성장에는 지름길이 없음을 여실히 보여 준다.

그러므로 사업을 성장시키려면 사업 초기 때와 똑같이 인내, 끈기, 헌신을 갖추어야 한다. 한꺼번에 성장할 수 있는 처방은 없다. 사업은 졸업할 수 있는 성질의 것도 아니다. 사업은 장기전이다. 성장할 준비가 되어 있지 않거나 사업을 거대하게 벌일 열망이 없다고 생각한다면 이쯤에서 멈춰라.

한편 사업을 소규모로 유지하는 데는 위험이 따른다는 것을 미리 경고한다. 사업 성공에 한계선을 그어 놓을 수는 있다. 그러나 그 한계선 어딘가에 버릇없는 아이들이 들어와 당신을 앞지를 것이다. 당신도 그렇게 시작했기 때문에 다른 사람도 그렇게 할 것이다. 그러므로 사업의 동향에 늘 귀를 기울여라.

우리의 이야기
변화의 이야기

우리는 한번도 사업 성장에 대해 진지하게 생각해 본 적이 없었다. 하지만 성장이 계획의 일부라는 것은 언제나 피할 수 없는 사실이었다. 첫 번째 사업 계획서에 기록된 표현을 인용해 보자.

"커피 리퍼블릭은 평범한 커피 전문점이 아닌 영국의 주도적인 에스프레소 전문 브랜드로 자리매김한다."

우리는 처음부터 '체인' 개념을 염두에 두었다. 원래 아이디어는 보행자의 통행량이 많은 거리의 모퉁이마다 커피 리퍼블릭을 설립하는 것이었다. 그러므로 성장은 처음부터 우리 사업의 일부분이었다고 할 수 있다.

오 년 동안 매장이 한 개에서 백 개로 증가했으니 커피 리퍼블릭의 성장에 대한 애기를 쓰려면 아마도 책 한 권 분량은 될 것이다. 커피 리퍼블릭은 이러한 매장 개점률로 인해서 딜로이트투셰(회계, 감사, 재정 자문 등의 서비스를 제공하는 회사——옮긴이)가 선정한 2002년 영국에서 두 번째로 급성장한 회사로 지목되었다. 그러나 이 책에서 성장에 관한 애기를 모두 하지는 않으려 한다. 이 책은 경영에 대한 책은 아니며 커피 리퍼블릭이라는 회사에 관한 책도 아니기 때문이다. 이 책은 회사 설립자가 걸어온 사업가

로서의 계획과 여정에 관한 이야기이다. 그러나 회사가 성장하게
되면 사업가 정신에 대한 얘기보다 경영과 사업에 대한 얘기가 더
많아지는 것이 당연하다. 그러므로 이 장에서는 회사의 고속 성장
측면에서 사업의 여정을 풀어 보려 한다.

앞으로 나올 얘기는 변화에 대한 것이다. 사업 초창기에 사업가
는 자연의 힘과 같은 방식으로 행동해야 한다. 창의력과 에너지,
질서, 조직 등을 조합해서 아이디어에 생명을 불어넣어야 한다.
사업 운영에 필요한 특성과 성장에 필요한 특성은 다르다. 성공적
인 사업은 영감에 대한 의존도가 낮은 편이며 점검과 균형의 시스
템에 더욱 중점을 둔다. 사업 성장 단계에서 사업가는 개업 초기
와는 또 다른 태도를 지녀야 한다. 이제 자신이 설립한 회사를 위
해 스스로 고용자의 특성을 지닐 필요가 있다. 물론 설립자로서는
쉽지 않은 일이다.

다음은 커피 리퍼블릭의 성장 단계를 인간의 발달 단계와 유사
한 방식으로 정리한 것이다. 우리는 각 단계별로 서서히 발전해
갔다.

유아기—커피 리퍼블릭 매장이 한 개에서 여섯 개가 될 때까지
의 시기이다. 설립자와 사업 자체를 분간할 수 없던 때다. 사업이
아기와 마찬가지로 완전히 무력했기 때문에 세세한 관심을 기울여
야 했다.

아동기 — 매장이 일곱 개에서 스물다섯 개로 늘어난 시기이다.
커피 리퍼블릭이 자생력을 갖기 시작한 시기라고 할 수 있다. 독
립적으로 걷고 말하기 시작하면서 커피 리퍼블릭만의 개성을 획득
하기 시작했다. 외부에서도 관심을 기울이기 시작했다. 그러나 여

전히 설립자의 도움과 지도가 필요했다. 본부를 주방 테이블에서 첫 번째 사무실로 옮겼다.

청소년기 ― 사업이 보다 성숙해지지만 요동이 심한 시기이다. 조직이 더욱 커지면서 독립적인 조직 문화가 태동하고 사업가와 조직, 두 세력 사이의 균형에 변화가 생겼다. 성장할 때의 고통과 반항을 생각해 보라!

성인기 ― 매장이 팔십 개 이상으로 늘어난 시기이다. 사업이 스스로 정체성을 지닌 책임감 있고 성숙한 어른으로 성장했다는 점을 인식했던 시기이다. 사업의 성격도 더 이상 사업가 개인이 끌고 갈 수준을 넘어섰기에 설립자 각자의 역할에 의문이 생겼다.

유아기

1996년 4월, 한 매장 매출이 활기를 띠고 있었다.

소매 체인점의 성장은 무성생식 과정과 같다. 올바른 컨셉을 가지고 있다면 그 DNA를 취해서 무성생식을 하게 한다. 체인이 커질수록 닮은꼴이 많아진다. 그러나 최초의 컨셉(DNA)에 문제가 있다면 결함이 있는 닮은꼴을 만들어 내기 때문에 새 매장은 문제를 가중시키기만 할 것이다. 그러므로 우리의 첫 번째 임무는 사우스몰턴스트리트 매장의 DNA를 완벽하게 만드는 일이었다.

이런 임무를 달성하기 위해 사업이 처음으로 가동되기 시작할 때 사업가가 맡아야 할 가장 중요할 역할은 모든 요소를 매우 밀접하게 유지시키는 것이다. 고객은 물론이고 사업과 관련된 모든 세부 사항에 근접해 있어야 한다. 그러기 위해선 꼭 거쳐야 할 과정이 있다.

법칙 53: 원래의 컨셉을 수정하고 응용할 필요가 있다.

반드시 거쳐야 하는 과정이다. 사업에 대해서 꿈꾸고 계획하는 동안에는 모든 것이 직감과 어림 숫자, 추측 등에 기초를 두게 된다. 그러나 일단 개업하고 나면 모든 것이 변하는 법이다. 진짜 고객을 맞이하게 되면서 아이디어의 성공 여부가 판가름 난다. 아이디어의 실상을 파악할 수 있는 유일한 방법은 직접 부딪치는 것뿐이다. 그렇게 되면 예측하지 못했던 문제와 기회까지도 스스로 포착하여 원래의 아이디어를 수정하고 응용할 수 있게 된다. 그러나 고객의 필요에 맞추기 위해서 제안을 수정하는 것과 초점을 변경하는 것 사이에는 미묘한 차이가 있음을 명심하라. 마음속에 커다란 비전을 품고 사업을 수행한다면 어떠한 수정이 필요한지 예리하게 파악할 수 있을 뿐만 아니라 아이디어를 포기하지 않으면서 수정을 할 수 있다.

우리가 캐러멜 베이지색 페인트를 사서 벽을 칠했던 것처럼 고객의 접근성을 높이기 위해서 컨셉을 수정했던 경우를 기억할 것이다. 또 저칼로리 음료 등을 출시했던 것은 건강과 다이어트를 생각하는 고객을 위한 아이디어였다.

법칙 54: 사업을 성장시키려면
보유 자원을 상향 조정하라.

사실 신참 사업가는 자원이 필요하더라도 자원 공급자의 관심을 끌 수 없다. 그러므로 자신이 보유하고 있는 자원을 활용하면서 독립독행해야 한다. 그러나 이 방식으로 오래 버틸 수는 없다. 독립독행은 장기 전략은 아니다. 크루아상을 배달받으려다가 주차 위반 벌금이 매상을 초과했던 일이나 공급 업자가 주말에 쉬겠다고 말했던 사건 등을 기억할 것이다. 사업 초기에 이러한 악몽을 겪으면서 다음 두 가지의 중요성을 과소평가했다는 사실을 깨달았다. 좋은 공급 업자와 종업원의 중요성이었다. 제품이 아무리 훌륭하고 외관이나 브랜드, 기타 세부적인 내용이 아무리 탁월하다 하더라도 정말로 중요한 사항은 고객에게 제공할 제품을 매일 아침 7시부터 저녁 7시까지 꾸준하게 배달받는 일이다. 고객은 좋은 경험을 백 가지 하더라도 한 가지 나쁜 경험을 하면 나쁜 것만 기억한다.

공급 업체를 상향 조정하라

소매 사업을 할때 공급 업체가 전문적이지 못하고 일관성이 없으면 얼마나 괴로운지 사우스몰턴스트리트 매장을 운영하면서 절실히 깨달았다. 매장 수를 확대할 계획이라면, 아니 매장 하나라도 제대로 운영하려면 공급 업체에 변화를 가져와야 한다는 사실도 깨달았다. 매장 수가 많아지면 사업 초기처럼 공급 업자가 도착하는 시간을 매일 아침 점검할 수는 없지 않겠는가!

공급 업체를 잘 선정하는 것은 사업 팽창을 위한 결정적인 요소이다. 우리는 매장을 전국으로 확산시키기 위해서 기존의 공급 업체를 안정적이고 전문적인 회사로 바꾸었다.

이 무렵 대규모 공급 업체에서 에스프레소 전문점의 잠재성을 인식하기 시작했다. 그들은 에스프레소 전문점 사업이 활황을 맞이하고 있었기 때문에 적극적으로 나서지 않으면 시장에서 배제될 것이라는 점을 깨달았다. 그들은 우리와 다시 접촉하면서 좀 더 많은 시간을 할애했고, 우리의 필요에 맞추어 조리법을 기꺼이 변경하려 했다.

에스프레소 전문점 열풍이 불기 시작하면서 특히 미국식 커피 전문점의 필요에 맞는 새로운 공급 업체가 시장에 출범했다. 커피 리퍼블릭이 문을 연 지 일 년 만에 전에는 없었던 온갖 종류의 공급 업체가 사업을 시작했다. 여기에는 우리가 6개월 먼저 세상에 선보였던 머핀을 전문으로 공급하는 업체(무지방 머핀까지 생산하고 있었다!)도 있었다.

미국 회사에 우유 거품용 온도계와 숏글래스 등 커피 조제용 부속품을 주문해서 항공 택배로 운송해 왔던 것이 이제는 먼 과거의 일이 되었다. 몇 달 후엔 에스프레소용 기계 부속품 회사가 생겨났다. 한 회사는 커피 리퍼블릭 특유의 컵까지 제조하기 시작했다.

여기에서 얻을 수 있는 교훈은 필요한 것을 적극적으로 찾으라는 것이다. 특히 사업이 혁신적인 경우에는 더더욱 그렇다. 시장은 자신이 신뢰받고 싶은 욕심에 사업가의 필요를 충족시키려고 움직일 것이고, 그 결과 사업 초기에는 없던 물건도 생겨나게 된다. 또 한 사업가의 성공은 다른 사업의 태동이나 사업 확장을 부르게 된다.

팀 강화

아무리 변수를 통제한다 하더라도 커피 리퍼블릭이 고객에게 제공하는 체험은 결국 고객과 바리스타 사이에서 직접 이루어진다는 점을 우리는 곧 깨달았다. 고객 체험의 질은 결국 고객을 대하는 종업원의 태도, 고객 서비스의 신속성, 판매 음료의 품질 등 종업원의 능력과 직결되어 있었다. 고객의 취향에 맞춘 음료의 제공이라는 커피 리퍼블릭의 컨셉이 새로운 것이었기 때문에 종업원은 고객을 교육시키고 새로운 음료를 추천하는 등 마케터로서 중요한 역할을 담당해야 했다.

종업원은 브랜드 아이덴티티를 발전시키고 충성스러운 고객층을 구축하는 데 결정적인 역할을 담당한다. 따라서 우리는 자질 있고 동기 부여가 확실한 사람을 고용하고 훈련시키는 일에 집중해야 한다는 사실을 잘 인식하고 있었다. 그러나 문제는 그런 자질을 가진 사람들은 막 시작해 아직 별다른 성과가 없는 사업체에 관심을 보이지 않는다는 것이었다. 누구나 직업의 안정성과 장래성을 추구하게 마련인데 신참 사업체로부터는 어떤 것도 보장받을 수 없기 때문이다.

제8장에서 서술했듯이 판매고가 증가할수록 우리의 경영 기술과 경험 부족이 문제점으로 부각되었다. 우리는 종업원을 관리하는 방법을 몰랐고 종업원을 관리할 만한 훌륭한 매니저를 끌어들일 수도 없었다!

우리는 부냑(일종의 워킹홀리데이 프로그램을 지원하는 곳)을 통하면 영국에서 공부하는 미국인 학생을 시간제 종업원으로 채용할 수 있다는 사실을 알게 되었다. 학생들 대부분이 미국에서 에스프레소 전문점을 보고 경험했기 때문에 커피 리퍼블릭의 컨셉에 친숙하다는 점이 커다란 장점으로 작용했다.

그러나 아무리 좋은 종업원을 고용할 수 있다 하더라도 그들을 관리할 수 없다면 무슨 소용이겠는가? 1996년 여름 우리는 불미스러운 일을 겪었다. 투자가 한 분을 처음으로 사우스몰턴스트리트 매장으로 데려오면서 커피에 대한 우리의 엄격한 태도에 대해 이야기하던 참이었다. 그런데 매장에 들어서자마자 바리스타 한 사람이 뒤쪽 카운터에서 자신이 먹을 샐러드를 만들고 있는 장면을 목격하고 말았다. 정말 실망스러운 일이었다!

되돌아보면 그해 여름에는 재앙에 가까운 일이 너무나 많았다. 하필이면 그해 무더위가 유독 기승을 부렸고 엎친 데 덮친 격으로 매장에 에어컨을 설치할 만한 경제적 여유도 없었다. 종업원은 매장 안에서 거의 열사병에 걸릴 지경이었다. 특히 종업원들은 순모로 만든 야구 모자를 쓰고 있어야 했기 때문에 더욱 못 견뎌 했다. 특히 무더웠던 그날의 일을 결코 잊지 못할 것이다. 냉장고와 현금 출납기가 동시에 고장이 났고 우유에는 멍울이 생겼다. 우리는 당황해서 제정신이 아니었다!

그나마 다행이었던 것은 커피 리퍼블릭이 차츰 언론의 관심을 끌었고 커피 열풍이 불기 시작하면서 종업원의 질을 높여 갈 수 있었던 것이다. 경영 매니저를 고용함으로써 마침내 우리는 종업원을 채용하는 고역에서 벗어날 수 있었다. 경영 매니저는 우리 팀에 첫 번째로 가담한 전문가로서 완벽한 자격을 갖추고 있었다. 패스트푸드 브랜드에서 탄탄한 경험을 쌓았지만 대형 회사 타입이 아니었기 때문에 우리 사업 팀의 성격에 매우 잘 부합되는 인물이었다.

이제 한숨 돌릴 수 있게 되었다. 종업원을 고용하고 관리하는 책임을 더 이상 우리 둘이 감당하지 않아도 되었다. 그 일이야말로 이제는 전문가에게 위임해야 할 일이었다. 해야 할 일을 적은 목록에서 한 가지가 삭제되었다!

우리는 사업에 속해 있는 상황에서 컨셉을 수정했고 공급 업체와 종업원의 질을 높였고 성장의 발판을 마련했다. 중심 매장의 DNA도 올바르게 만들었다. 그러면 시장은 어떠한가? 성장을 위한 준비가 되었는가?

성장을 위한 준비: 시장

1996년 4월 커피 시장이 달아오르고 있었다. 사실 커피 시장의 상황을 볼 때 커피 리퍼블릭은 성장할 수밖에 없었다. 영국 시장에 커피 열풍이 불어 왔고 BBC는 '커피 혁명'의 도래를 선언했다. 커피 시장을 점유하기 위한 엄청난 경쟁이 드러나면서 주요 경쟁 업체인 시애틀 커피 컴퍼니는 이미 세 개의 매장을 열었다.

모든 상황이 매우 빠르게 돌아갔다. 커피 전문점이 우후죽순처럼 생겨났다. 미국식 컨셉을 가지고 제대로 사업에 참여하는 사람도 있었고 새로운 열풍을 기대하면서 이동식 커피 가판대로 시장에 뛰어든 사람도 있었다. 1마일을 4분 이내에 주파하는(육상경기에서 가장 힘든 한계로 알려져 있다. ──옮긴이) 기록을 깨는 사람은 오직 한 명이고 일단 기록이 깨지고 나면 모든 사람이 그 뒤를 이을 수 있다고들 말한다. 이것이 바로 커피 시장에서 일어났던 현상이었다. 커피 사업에 관한 아이디어를 마음에 품고 있던 사람들이 커피 리퍼블릭과 시애틀 커피 컴퍼니 등의 등장에 고무되어 너나 할 것 없이 실제로 사업을 시작했다. 샌드위치 전문점과 음식점까지도 새로운 커피 컨셉을 도입했다.

마치 상점마다 커피 원두를 진열대에 전시하려고 하는 것 같았다. 그만큼 커피 열기가 뜨거웠다. 영국은 잠에서 깨어나서 커피 냄새를 맡고 있었던 것이다.

시장의 선발 주자로서 우리는 발빠르게 움직여 구축한 신용과 인지도를 최대한 활용해야 했다. 상당수의 고객이 우리에게 다가 와서 말하곤 했다.

"커피 리퍼블릭이 우리 집 근처, 내 동생 집 근처, 사무실 근처 에도 있었으면 좋겠어요."

이렇듯 우리는 성장을 위해서 마음의 준비를 했고 사업도 준비 되었고 DNA도 완성되었고 시장까지도 준비되었다. 그러나 사업 을 성장시킬 자금이 없었다.

성장을 위한 준비: 재정

첫 번째 매장을 열 때와 마찬가지로 우리는 책상에 깊숙이 앉아 서 사업의 다음 단계를 설명하고 자금을 조성하기 위한 새로운 사 업 계획서를 작성했다. 이번에는 한 개가 아니라 여섯 개 매장 을 열 계획을 세웠다.

이번에야말로 진정한 의미의 '사업 계획서'를 쓸 수 있었다. 우 리는 우리 사업에 대해 잘 알고 있었으며 아이디어가 이미 시장에 서 검증되었기 때문이다. 이번 사업 계획서에 기록된 숫자는 사실 이었다. 첫 번째 사업 계획서에 기록된 숫자는 아무것도 모르는 상태에서 어림짐작한 숫자에 불과했다. 그러나 첫 매장을 가동시 킨 후에는 더 이상 예측할 필요가 없었다. 실제 숫자를 가지고 계 획을 짤 수 있었기 때문이다. 손에 만져지는 숫자를 다루는 일이 얼마나 즐거웠는지 모른다!

사업 초기의 아홉 달 동안은 우리 둘이 회사의 모든 회계 업무 를 직접 담당했다. 매니저가 매일 밤 전화를 걸어 현금 출납기의 정산 금액을 부르면 집에 있는 자동 응답기에 녹음이 되었다. 당 일의 매출 결과에 따라 밤 시간의 기분이 좌우되었다. 우리는 현금 출납기 영수증을 집으로 가지고 와서 판매를 분석하고 공급 업체에 대금을 납부하고 종업원의 임금을 지불하고 현금 출납부를 결산했다. 매우 귀찮은 일이었지만 사업을 상세하게 파악하고 확장을 대비해서 재정 DNA를 올바로 잡아 두려면 현금 출납기에 가까이 있는 것이 중요했다.

이런 방법을 통해 실질적인 개업 비용과 운영 비용, 손익분기점에 도달하는 시간, 성취 가능한 이윤 폭 등을 계산할 수 있었다. 보비는 첫 매장의 실적에 근거해서 재정 모델을 수립했다. 사우스 몰턴스트리트 매장의 판매고가 손익분기점을 통과하는 시점을 분석한 후 그 재정 모델이 사업 성장에 바람직하다는 것을 깨달았다.

우리는 이제 매장을 새로 여는 데 자금이 얼마나 필요한지 명확하게 파악하게 되었다. 새로 수립한 확장 계획은 삼 년 이내에 매장을 스물다섯 군데 여는 것이었다. 우선 첫 단계로 일 년 안에 매장 여섯 개를 열고자 했다. 이 목표를 달성하기 위해서는 60만 파운드를 조성해야 했다.

금액이 이 정도에 이르면 은행 대출로는 역부족이었다. 우리는 필요한 자금을 확보하기 위해 회사의 지분을 나누어야 한다는 결론에 이르렀다. 처음으로 사업의 일부분을 떼어 내게 된 것이다.

하지만 주류 벤처 자금에 접근하기는 싫었다. 투자의 대가로 과다한 지분을 요구할까 봐 걱정스러웠기 때문이다. 대안을 궁리하고 있을 때 보비는 《파이낸셜타임스》에 실린 《VCR》이라는 벤처 자금 보고서(Venture Capital Report)의 광고를 보게 되었다. 《VCR》에 대해서는 예전에 전혀 들은 바가 없었지만 광고에는 보비가 찾고 있던 모든 사항이 포함되어 있었다.

"VCR은 출자 자본을 찾는 소규모 사업체와 투자가를 연결시켜 주는 영국에서 가장 오래 된 에이전시입니다. VCR은 2,000파운드에서 200만 파운드 사이의 자금을 찾는 소규모 사업가의 사업 제안서를 매달 발간해서 특집 기사로 내보내고 있습니다. 일반에게 '비즈니스 엔젤'로 불리는 영향력 있는 개인 투자가 750명도 《VCR》의 구독자입니다."

우리는 즉시 《VCR》 5월호에 광고를 게재했다.

커피 리퍼블릭　　　　　　　　　　　　　　　　60만 파운드

　　커피 리퍼블릭은 성공적인 미국형 모델에 기반을 둔 새로운 컨셉의 커피 전문점으로 보비 하셰미와 사하 하셰미가 설립했습니다. 사우스몰턴스트리트에 위치한 첫 번째 매장은 1995년 11월 4일 개업했으며 현재 손익분기점을 통과해서 1996년 4월 셋째 주에는 하루 평균 700파운드 이상의 매출을 기록했습니다. 매장 하나를 새로 여는 데 필요한 비용은 평균 8만 5000파운드이며 3년 이내에 25개 매장을 수립할 계획입니다. 사업을 확장하기 위한 자금으로 60만 파운드를 모금합니다. 주식의 40퍼센트 지분을 제공합니다.

커피 리퍼블릭의 컨셉

　　보비 하셰미와 사하 하셰미 남매는 미국에서 엄청난 돌풍을 일으키고 있는 커피 컨셉을 영국 시장에 도입해 커피 리퍼블릭을 설립했다. 지난 삼 년 동안 미국에는 수많은 커피 전문점이 생겨났고 스타벅스를 포함한 다수의 커피 전문 체인은 매우 높은 수익을 기록하고 있다. 이 시장에서 선두를 점유하고 있는 스타벅스는 1987년에 17개였던 에스프레소 전문점을 오늘날 800개까지 확장했다. 하셰미 남매는 이러한 컨셉이 영국 시장에 성

커피 리퍼블릭 앞에 서 있는 보비 하셰미

공적으로 도입될 수 있을 뿐만 아니라 번 창할 수 있다는 비전을 가지고 커피 리퍼 블릭에 대한 사업 계획을 수립했다. 두 사람은 DTI의 지원으로 7만 8000파운드 의 소기업 대출 보장 계획 기금을 받았 다. 이들의 사업 목표는 "독창적인 에스 프레소 음료를 편리한 장소에서 합리적 인 가격으로 고객에게 제공함으로써 영 국 시장에 현존하는 어떠한 사업체보다 도 우수한 새로운 커피 체험을 도입하는 것"이다.

커피 리퍼블릭 사우스몰턴스트리트 매장

　　커피 리퍼블릭의 첫 매장은 런던 사우스몰턴스트리트에 위치하며 1995년 11월 4일 문을 열었다. 매출은 꾸준히 증가해서 현재 주당 4400파운드이고 손익분기점을 이미 넘어섰다. 하셰미는 판매가 상당한 폭으로 계속 증가할 것으로 확신하고 있다. 이 매장은 《인디펜던트온선데이》, 《옵저버》, 《보그》, 《태틀러》, 《캐이터러앤호텔키퍼》 등 언론을 통해 영국의 새로운 커피 열풍을 다룬 기사로 다루며 널리 보도되었다.

법칙 55: 투자금을 활용하라.
'비즈니스 엔젤'은 자금뿐만 아니라 경험도 제공한다.

《VCR》 5월호가 발간된 날부터 전화가 폭주하기 시작했다. 이 단계에서 필요한 것은 바로 '비즈니스 엔젤(창업 초기 단계에 자금 조성이 어려운 벤처 기업에 천사처럼 나타나 필요한 자금과 경영에 관한 자문 등을 제공하는 개인 투자가를 지칭한다. ── 옮긴이)'이었다. 비즈니스 엔젤은 대부분 성공한 사업가였기 때문에 사업에 관련된 전문 지식을 덤으로 제공받을 수 있었다. 유명한 사업가들이 커피 리퍼블릭에 투자하고 싶어 한다는 전화에 우리는 몹시 흥분했다. 그들 중 다수는 이미 미국에서 커다란 열풍을 일으키고 있는 커피 컨셉을 영국에 도입하는 과정에 지대한 관심을 가지고 있었다.

잠재 투자가와 회의를 시작하자 투자 제안이 넘쳐났다. 투자가가 우리를 인터뷰하는 듯한 느낌이 들기도 했지만 우리 또한 투자가를 인터뷰했다. 외부로부터 투자가를 유치하는 일은 마치 누군가를 집으로 불러들이는 것과 같다. 자본의 문제 이상이었다. 같이 조화를 이룰 수 있어야 할 뿐만 아니라 동일한 비전과 견해를 가지고 있어야 하기 때문이다.

법칙 56: 투자금을 덥석 받지 마라.
　　　　투자가를 유치하는 일은 같이 살자고
　　　　누군가를 집으로 불러들이는 일과 같다.

　우리는 잠재 엔젤 모두를 집 거실 소파에 앉혀 놓고 인터뷰했다. 오랜 시간 함께 얘기를 나누면서 중요한 사항에 대해 서로 동의해야 한다는 점을 확실히 했다. 곧 같이 일할 수 없는 사람, 특히 같이 일하고 싶지 않은 사람을 분명히 가려 낼 수 있었다. 어떤 사람은 심하게 밀어붙이면서 강요하는 형이어서 심지어 인터뷰하는 동안에도 우리에게 해야 할 일을 지적했다!

　마침내 적합한 상대를 만났다. 비록 초기에는 적합한 상대인지 확신이 서지 않았지만 말이다. 그동안 '소득이 많고 진지한' 엔젤을 많이 만났었다. 그러나 이 사람은 전형적인 엔젤과 전혀 달랐다. 우리는 '멋있는, 유행의 첨단을 걷는, 별난' 등의 단어를 사용해서 그를 표현했고 그는 이렇게 불리는 것에 대해 개의치 않았다. 첫 번째 은행 대출 담당자의 경우도 그랬지만 이번에도 외모와 딴판인 본모습을 본 셈이다. 그는 엄청난 성공을 거둔 사업가로 유명한 브랜드를 설립한 뒤 매각했다. 이것이 그의 사업 스타일이었다. 그와 우리는 즉시 마음이 맞았다.

　그는 우리의 인간성을 믿었고 거키 리퍼블릭의 컨셉과 비전을 신뢰했다. 우리는 그와 함께 꽤 오랫동안 비전에 대해 얘기했고 함께 경쟁 업체를 둘러보기도 했다. 사우스몰턴스트리트 매장에서 우리가 '완전히 커피에 집중' 해 있다는 설명을 하던 중에 바리스타 한 명이 뒤편 카운터에서 자신이 먹을 샐러드를 만드는 장면을 목격했던 투자가가 바로 그였다!

　우리는 그를 신뢰하게 되었고 그의 경험과 전문 지식을 높이 평가했다. 무엇보다도 중요한 것은 그와 함께 꿈을 공유하는 즐거움을 누렸다는 점이다. 사실 그를 선택한 것은 여태껏 한 결정 중에서 최상의 결정이었다. 그는 오늘날까지 커피 리퍼블릭에서 중요한 역할을 하고 있다. 부수적으로 그는 당초 자본금의 다섯 배를 벌어들였다.

법칙 57: 소규모 투자가를 너무 많이 끌어들이지 마라.

그가 제시한 유일한 조건은 투자가는 자기 혼자여야 한다는 것이었다. 따라서 우리가 필요로 했던 전액을 기꺼이 투자했다. 우리에게는 매우 바람직한 일이었다. 소규모 투자가를 많이 끌어들여서 그들에게 일일이 보고해야 한다면 엄청난 시간을 소비해야 할 것이기 때문이다. 이는 사업가에게나 사업 자체에도 굉장한 손실이 아닐 수 없다. 우리는 신속하게 모든 서류에 서명을 마치고 7월까지 다음 성장 단계에 착수할 준비를 마쳤다.

성장을 위한 준비: 사업

엔젤 자금이 7월에 은행으로 입금되면서 바로 다음 단계에 착수했다. 성장에 필요했던 60만 파운드는 두 차례에 나누어 입금되었다. 처음으로 우리가 봉급을 가져갈 수 있게 된 것은 큰 위안이었다. 각각 3만 파운드의 봉급은 여전히 예전 직업에서 벌었던 봉급보다 훨씬 적은 금액이긴 했지만 말이다.

우리의 엔젤은 후에 커피 리퍼블릭의 성장에 커다란 역할을 담당하게 될 사람을 소개시켜 주었다. 회사가 성장하면서 서류 작업과 회계 업무는 우리가 직접 하기에는 이미 부담스러운 일이 된지 오래였다. 매장 수를 늘린 후에도 그 일을 계속할 수는 없었다. 그래서 엔젤은 마르코 동히를 커피 리퍼블릭의 첫 회계사로 고용했다.

회계사는 매주 금요일이면 찾아왔다. 우리는 주방 테이블에 앉아서 모든 현금 출납기 영수증과 서류를 건네주고 청구서와 수표를 지불했다. 회계사는 낮에는 다른 직장에 근무했기 때문에 처음 9개월 동안은 저녁 시간에 커피 리퍼블릭의 회계 사무를 보았다.

자금이 확보되면서 처음으로 브랜드 메시지를 강화할 마케팅에 투자할 수 있게 되었다. 로고를 만들기 위해 디자이너를 고용할 여유도 생겼다. 이것은 두 번째 매장을 열기 전에 해야 할 일로 기록되어 있던 중요한 사항이었다. 우리 사업에 딱 맞는 그래픽과 이미지를 만들고 싶었다. 첫 번째 매장을 열 때는 워낙 예산이 빠듯해서 대부분 스스로 해결했지만 이제는 자금에 여유도 조금 생겼고 이미지에 투자할 수 있게 됐다.

커피 리퍼블릭의 로고가 전 런던에 브랜드를 각인시킬 만큼 강력하거나 독특하지 못하다는 점을 우리는 잘 알고 있었다. 모방하기도 쉬워서 이미 근처에 있는 한 커피점이 모방한 상태였다.

그러나 대형 에이전시를 찾고 싶은 생각은 없었다. 새로 자금이 조성되었다 하더라도 큰 비용을 감당할 정도는 아니라는 것이 첫 번째 이유였고, 두 번째 이유는 이미 로고에 대해 좋은 아이디어를 가지고 있었기 때문에 굳이 대형 에이전시의 기술을 빌릴 필요가 없었기 때문이었다. 약간의 조사를 해 본 결과 우리가 원하는 것과 딱 들어맞는 '포메이션'이라는 에이전시를 찾을 수 있었다. 프레타망제의 그래픽과 포장 디자인을 맡았던 에이전시였다. 우리는 그들이 디자인한 프레타망제의 포장이 무척 마음에 들었다. 포메이션의 디자인은 브랜드의 혼을 포착하고 투영했다. 우리는 포메이션이 커피 리퍼블릭에도 같은 작업을 해 주기를 바랐다.

포메이션은 우리와 성향이 매우 비슷한 에이전시였다. 에이드리언 킬비가 설립한 소규모 사업체로서 주위에 훌륭한 팀이 포진해 있음에도 설립자가 여전히 사업의 모든 측면에 관여하고 있었다. 또한 프레타망제의 설립자와 수년간 같이 일하면서 에이드리언은 열정적인 사업가의 열정과 요구에 매우 익숙해져 있었다.

우리는 마케팅 예산 전액을 그래픽에 투자하고 있었기 때문에 매장 인테리어도 건축사 대신 포메이션의 도움을 받아 직접 하기로 했다.

1996년 여름 내내 우리는 에이드리언, 그리고 그의 팀과 같이 클러켄웰에 위치한 그들의 작업실에서 그래픽 작업에 매달렸다. 작업 내내 우리는 커피 리퍼블릭을 분석했고 뉴욕에서 찍은 사진을 끊임없이 살폈으며 경쟁 업체를 관찰했다. 그러고는 마침내 처음으로 커피 리퍼블릭에 적합한 아이덴티티라고 생각되는 그래픽을 만들 수 있었다.

우리 남매 사이에 그래픽에 대한 논쟁이 여러 번 오갔다. 남매이기 때문에 좋았던 점은 서로 예민하게 굴며 돌려 말할 필요가 없다는 것이었다. 그저 자신의 확신을 말하고 서로 싸우고, 그러면서도 상대편의 노여움을 사지 않을 수 있었다.

우리가 서로에게 정직했던 점이 커피 리퍼블릭에 커다란 보탬이 되었다. 또한 에이드리언과 그의 팀이 우리 둘의 언쟁을 이해하고 참으면서 받아들였던 점도 감사한 일이 아닐 수 없었다. 에이드리언은 언젠가 우리에게 장난감 망치를 사 줄 테니 의견 충돌이 생길 때마다(사실 자주 발생했다.) 서로 때리면 어떻겠냐고 말하곤 했다!

우리는 에이드리언과 그의 팀과 함께 수행한 브랜드 구축 작업을 '자유의 여신상' 단계라고 불렀다. 우리의 컨셉이 뉴욕에서 비롯된 것임을 강력하게 부각시켜서 시애틀 커피 컴퍼니와 차별화하고 싶었고 대도시 런던과 뉴욕의 유사성을 강조하고 싶었다.(물론 브랜드를 확립하고 난 후에는 뉴욕의 이미지를 버렸다.)

돌이켜 생각하면 당시 우리가 개발했던 그래픽은 커피 리퍼블릭의 정신을 진정으로 반영하고 있었다.

성장

새로운 로고 디자인이 완성되었고 경험 많은 경영 매니저가 영입되었다. 새로운 공급 업체와 계약을 맺었고 은행에는 자금이 비축되어 있었다. 마침내 두 번째 매장을 찾아볼 준비를 갖추었다는 느낌이 들었다.

시간이 흐르고 사업이 성장하자 신용, 공급 업체 등에 관한 모든 것이 우리에게 유리한 방향으로 바뀌었다. 매장 자리를 찾는 과정도 과거에 비해 훨씬 더 수월해졌다. 그동안 우리의 신용이 꽤 굳건히 자리 잡았을 뿐만 아니라 부동산 중개인은 우리가 얼마나 진지한지 인식했고 매장 소유주는 커피 리퍼블릭의 컨셉이 구현된 모습을 사진으로 확인할 수 있었기 때문이다. 그렇기 때문에 두 번째 매장 자리를 물색하는 데 걸린 시간은 첫 번째 매장 때보다 훨씬 짧았다.

그레이트말보로스트리트에 위치한 두 번째 커피 리퍼블릭 매장이 1996년 12월에 문을 열었다. 사우스몰턴스트리트와 지리적으로 가까웠기 때문에 타겟 고객의 성격은 같았다. 두 매장은 걸어서 오 분 거리여서 필요에 따라서 바리스타와 재료를 이동시키기에도 편리했다. 또한 두 매장을 밀착해서 관리해야 하는 우리로서는 인접성이 장점으로 작용했다. 두 번째 매장이 런던의 반대편에 위치

했다면 이 일은 무척 힘들었을 터였다.

두 번째 매장의 개점으로 사업 자체에 변화가 발생한 것은 거의 없었다. 비록 규모가 작기는 하지만 우리의 사업이 체인으로 발달했다는 점에 짜릿한 흥분을 느꼈다. 우리는 사업을 밀착해서 감독했기 때문에 업무량은 자연스럽게 두 배로 늘어났다!

형식적으로는 사업의 규모가 두 배가 되는 등 성장이 순조롭게 진행되고 있었지만 우리는 이 시기를 유아기로 규정한다. 사업과 사업가가 여전히 유아 단계에 머물러 있어서 사업의 모든 측면을 일일이 보살펴야 했기 때문이다. 자원이 우리 편으로 돌아서기 시작했지만 아주 사소한 움직임에 불과했다. 여전히 독립독행을 해야 했고 두 개에 두 개를 더해서 다섯 개를 만들어 내야 했다.

한 가지 예를 들어 보자. 당시에는 초콜릿을 입힌 에스프레소 원두가 선풍적인 인기를 끌고 있었기 때문에 커피에만 사업의 초점을 맞추기로 했던 우리 매장 역시 이 제품을 구비할 필요가 있었다. 그러나 주문량이 워낙 적었기 때문에 공장에서 별도의 포장 작업을 거칠 수 없었다. 그래서 일단 묶음으로 구입해서 직접 포장하기로 했다. 맛이 세 종류인 에스프레소 원두가 용기에 담겨 집으로 배달되었다. 우리는 공급 업체가 제공한 투명 비닐 백, 리본, 로고가 찍힌 스티커 등을 이용해서 주방용 소형 저울로 무게를 측정한 후에 집에서 포장했다.

두 번째 매장의 개업 전날 밤부터 시작한 포장 작업은 개업일 새벽이 되어서야 끝났는데 개업을 앞두고 긴장된 마음을 진정시키는 효과가 있었다.

사업가도 조립 작업에 참여한다는 말을 증명한 셈이다. 고맙게도 마침 뉴욕에서 온 두 친구가 도움을 주어서 가까스로 작업을 마칠 수 있었다. 한 봉지당 125그램을 정량으로 정해 놓았지만 밤

이 깊어지자 너무 피곤한 나머지 제대로 계량을 할 수 없었다. 계량이 잘못된 봉지를 다시 점검하면서 초과된 원두를 먹곤 했다. 철저하게 비전문적인 방법이기는 했지만 어찌 되었든 일은 마무리 지을 수 있었다!

이렇게 포장한 에스프레소 원두가 첫날 거의 매진되었기 때문에 다음 날 다시 포장 작업을 해야 했다. 크리스마스 때까지 집은 창고나 유통 센터 같은 모습이었다.

1997년 2월 퀸스웨이에 세 번째 매장을 열었다. 먼젓번에 아이스크림 가게였던 이 매장은 대로변 모퉁이에 있었다. 매장은 입구가 매우 작은 데다가 문이 하나밖에 없었고, 전체적인 모양이 이상했다. 그러나 시애틀 커피 컴퍼니를 따라잡기 위해서는 세 번째 매장이 절실히 필요했기 때문에 이 매장을 선택하기로 했다.

퀸스웨이 매장의 결점을 보충할 수 있는 점은 바로 지하실이었다. 우리는 지하실을 커피 리퍼블릭의 첫 번째 사무실로 개조했다. 경영 매니저를 위한 공간을 만들었고 여태껏 야간에만 커피 리퍼블릭의 회계를 담당했던 마르코를 상근 회계사로 고용할 수 있게 되었다. 사무실을 마련했을 때의 흥분을 지금도 기억한다. 하지만 애석하게도 사무실에는 우리 두 사람이 일할 만한 공간은 없어서 우리는 계속 집에서 업무를 보아야 했다.

또한 지하실 일부를 개조해서 그동안 계속 꿈꿔 왔던 일을 추진했다. 바로 '커피 리퍼블릭 아카데미'의 설립이었다. 이미 바리스타를 여러 명 고용하고 있었고 이들에게 커피 리퍼블릭의 고유한 커피 음료 조제 방법을 집중적으로 교육시킬 수 있는 기관이 필요했다. 우리는 맥도널드 대학에 대해 듣고 나서 커피 리퍼블릭도 그런 기관을 소유할 수 있기를 항상 꿈꿔 왔다.

커피 리퍼블릭 아카데미 설립이라는 목표를 달성하기 위해서 다시 독립독행할 필요성을 느꼈다. 우리는 아카데미를 정식으로 세우기 위한 절차나 훈련 프로그램 제작에 대한 지식이 전혀 없었다. 우리가 고용한 사람들도 마찬가지였다. 그러나 전문가를 고용할 만한 자금 여력이 없었기 때문에 모든 문제를 직접 해결해야 했다. 다행한 것은 일단 마음만 먹으면 할 수 없는 일은 거의 없다는 사실이었다.

실제로 아카데미의 설립은 예상보다 훨씬 수월했다. 교육에 필요한 온갖 종류의 장비는 공급 업체로부터 임대했고 에이드리언에게 의뢰해서 아카데미 로고를 문에 부착했다. 이렇게 해서 마침내 커피 리퍼블릭 아카데미가 탄생했다!

우리는 훈련 프로그램을 직접 제작할 수 있을 것이라고 생각하지는 못했다. 그러나 훗날 훈련 프로그램 제작 전문가를 고용하면서 당시 우리의 시도가 놀랄 만큼 훌륭했음을 깨달았다. 당시 직원 중에 훈련 프로그램에 참여해 본 사람이 거의 없었고 특히 커피에 관련된 프로그램을 이수한 사람은 단 한 사람도 없었다. 그러나 달리 선택의 여지가 없었기 때문에 일단 모두의 생각을 모아 프로그램을 만들었다. 결과는 그런대로 괜찮은 수준을 훨씬 뛰어넘었다.

이 일은 사하가 맡기로 했다. 사하는 커피 음료를 제대로 조제하는 데 중요하다고 생각하는 모든 사항을 기록했고 에바의 도움을 받아서 훌륭한 훈련 프로그램을 완성했다. 이 프로그램은 지금도 커피 리퍼블릭에서 사용되고 있다.

세 번째 매장은 큰 성공을 거두었다. 마르코를 상근 회계사로 고용한 일은 사업에 크나큰 이익이 되었다. 우리 외에도 커피 리퍼블릭 사업을 돌볼 사람이 있다니 정말 멋진 일이었다! 그래도

커피 리퍼블릭 아카데미 로고

우리는 여전히 매일 아침 세 매장을 돌아보고 현장에서 뛰었다. 커피 리퍼블릭은 아직도 유아 단계에 머물고 있었다.

독립독행은 계속되었다. 사하는 여전히 매주 수요일 바리스타에게 줄 봉급 지급 수표에 서명을 했고 바리스타를 자신의 차에 태워 매장에 데려다 주는 일도 했다. 사하가 봉급 지급 수표를 깜빡해서 마르코가 사하를 쫓아다녀야 했던 일도 여러 번 있었다. 그러면서 점차 체제가 잡혀 갔다. 그래도 여전히 마르코가 사하를 쫓아다니는 일이 많기는 했지만 말이다.

같은 사업 형태를 유지하면서 3월에는 런던월에, 6월에는 스트랜드에, 8월에는 플리트스트리트에 매장을 열었다. 모든 매장에서 판매는 순조로웠다. 초기에는 저조했던 커피 리퍼블릭의 브랜드 인지도가 높아지고 있었고 평판이 좋아지면서 판매는 개업 첫날부터 상승 곡선을 탔다. 우리는 근처 사무실에 광고지를 배포하고 매장 바깥에서 무료 시음 기회를 제공하는 등 마케팅을 했다. 행운이 따라서인지 마케팅도 사우스몰턴스트리트 매장 개업 때보다 훨씬 순탄하게 진행되었다. 이즈음에는 사람들도 커피 전문점에 대해서 잘 알고 있었기 때문에 개점 시간도 되기 전에 매장 앞에서 줄을 서는 현상이 생기기 시작했다. 고객 카드 발행 또한 효과를 발휘했다.

플리트스트리트에서는 커피 리퍼블릭이 새로운 방식의 커피 전문점 1호였다. 그래서 은행가와 변호사들이 떼를 지어 몰려들었다. 이러한 광경을 목격하는 일은 진정 즐거웠다. 근처의 투자은행에서는 한번에 열네 잔의 커피 음료를 주문하기도 했고 매장 밖에는 항상 줄이 늘어서 있었다.

여전히 폐점 시간이 되면 당직인 바리스타가 집으로 전화해서 자동응답기에 당일의 현금 출납기 판매액을 보고했다. "런던월 지점의 토머스입니다. 오늘 매상은 600파운드입니다.", "스트랜드 지점의 탄야입니다. 오늘 매상은 500파운드입니다." 이 얘기들은 아주 친숙해졌고 우리는 늘 기대에 부푼 마음으로 전화를 기다렸다. 둘이서 매일 각 매장의 매상을 놓고 내기를 걸면서 말이다.

1997년 여름이 되자 매장은 여섯 개로 늘어났다. 이 정도가 되자 집에서 업무를 보는 일이 버거워지기 시작했다. 집이 더 이상 집이 아니었다! 우리는 제대로 된 사무실로 이전할 필요성을 절실히 느끼게 되었다. 한계에 도달한 것이다. 그동안 우리가 살고 있는 아파트에는 관리실이 있어서 정말 요긴하게 이용할 수 있었다. 아파트가 1층에 있는 데다가 문을 열면 바로 관리실이 보였기 때문에 택배 발송과 배달을 하는 데 매우 편리했다. 그러나 관리인들은 졸지에 커피 리퍼블릭의 접수 계원 역할을 맡은 꼴이 되었으므로 우리가 이전하게 되었을 때 가장 기뻐했을 것이다.

여태까지는 집에 있는 팩스를 사용해서 급한 복사를 했지만 앞으로는 자체 복사기를 구비해야 할 필요성을 느꼈다. 또한 우리를 보조해 줄 사무실 직원을 고용해야 했는데 그들과 함께 집에서 근무할 수는 없었다. 이제 사업을 초보 단계에서 전문적인 단계로 끌어올려야 할 시점에 도달한 것이다. 한편에 텔레비전이 있고 사방에 안락의자가 놓여 있는 거실에서 업무를 볼 수는 없는 노릇이었다. 그렇게 한다면 전문적인 사무실을 갖지 못할 뿐만 아니라 휴식 장소로서의 거실의 기능도 상실하고 만다.

사업 초기에는 충분했던 원래의 자원은 과부하가 걸려서 옆구리가 터질 지경이 되었다.

성장을 위한 준비: 시장

이미 매장을 여섯 개로 늘렸음에도 시장의 압박은 마찬가지여서 사업을 좀 더 팽창해야 했다. 커피 열풍이 하루가 다르게 거세져서 우리가 계속 주시하고 있던 시애틀 커피 컴퍼니는 이미 매장을 삼십 개로 늘렸다. 또한 거대한 미국 커피 체인이 런던에 들어온다는 소문이 들려와 위협이 되고 있었다. 언론의 관심 또한 날로 증가해서 《파이낸셜타임스》는 "미국을 휩쓸었던 것과 동일한 고급 커피 전문점 현상이 이제 영국에서 나타나고 있다."라는 기사를 실었다.

사업 팽창 계획을 가속화해야 했다. 사업은 순조롭게 진행되고 있었지만 여태껏 커피 리퍼블릭이 이룩해 놓은 실적에 편승해야 했다. 분명한 사실은 커피 리퍼블릭이 속한 커피 시장에서 대기업과 소기업 사이에 큰 격차가 있다는 것이었다. 우리는 공격적으로 성장해서 번창하든지 호기를 놓쳐서 별 볼 일 없는 사업체로 사라져 가든지 둘 중 하나를 선택해야 했다.

커피 리퍼블릭의 매장은 최종 목적지가 아니라 '경유지'였기 때문에 매장이 길모퉁이마다 있어야 했다. 우리가 첫 번째 사업 계획서에 서술했던 내용을 인용해 보자.

"고객은 가장 가까운 커피 전문점이라도 커피를 사려고 두 블록 이상을 걷진 않을 것이다."

사업 계획서에 서술한 상황대로라면 여섯 개 매장만으로 사업을 하는 것은 자살 행위나 마찬가지였다. 그래서 우리는 신속하게 행동해서 성장의 다음 단계를 향해 전진했다.

아동기

1997년 보비는 세 번째 사업 계획서를 작성하기 시작했다. 이번 사업 계획서의 목표는 다음 이 년 안에 매장을 서른다섯 개로 확장하는 것이었다.

커피 리퍼블릭은 엄청난 성장 가능성을 가진 컨셉이다. 본경영진은 스타벅스와 기타 신생 커피 체인이 미국에서 성공을 거둔 점과 영국 커피 시장의 커피 품질이 아직 일관성이 없고 열등하다는 점으로 미루어 미국식 커피 컨셉을 영국 시장에 맞출 수 있는 기회가 왔다고 생각한다.

우리의 야심만만한 목표를 달성하기 위해서는 450만 파운드 정도가 필요했다. 이 정도의 금액을 모으는 일은 그리 쉽지 않다. 보비는 뉴욕에서 투자은행업에 종사했지만 런던에는 연줄도 없었고 자금줄에 접촉할 방도도 없었다.

이 문제를 두고 궁리하던 중에 보비는 또 한 번 '사업가적인 본능'을 발휘했다. 사하가 대학 시절부터 친하게 지내온 클레어라는 친구가 생각났던 것이다. 클레어는 1970년대 기업 인수의 대가인 짐 슬레이터의 딸이었다. 보비는 슬레이터가 1970년대에 제임스 골드스미스 경과 함께 달성한 협상 기록을 모두 섭렵할 정도로 슬레이터에 대해 대단한 경외심을 가지고 있었다.

보비는 사하에게 짐 슬레이터와 만날 수 있도록 주선해 달라고 부탁했다. 슬레이터를 만나서 무엇을 부탁해야 할지 알 수 없었지만 그를 만나는 일이 무척 생산적일 것이라는 느낌이 들었다. 사하는 슬레이터가 무척 정확하고 만만하지 않은 사람이라는 사실을 알고 있었기 때문에 만남을 주선하는 일이 꺼림칙했다. 더욱이 사하는 특별히 부탁할 것이 없는 상태에서 그를 만난다면 웃음거리밖에 되지 않을 것이라고 걱정했다. 그러나 보비는 뜻을 굽히지 않았고 사하는 마침내 보비의 뜻에 따를 수밖에 없었다.

그 다음 주에 우리는 켄싱턴에 있는 짐 슬레이터의 집에 앉아서 여섯 개 매장을 가진 우리의 커피 체인에 대한 얘기를 들려주었다. 슬레이터는 부모가 자녀의 친구를 대하는 듯한 친절한 태도로 우리의 얘기를 들었다. 그의 집을 나서면서 우리는 스스로 어리석다는 느낌이 들었다. 구체적으로 그에게 부탁한 일이 없었기 때문이다. 우리는 그를 만난 일을 마음에서 지우기로 했다.

그런데 다음 날 보비는 핸드폰으로 전화를 받았다.

"보비, 나 짐 슬레이터요. 당신에게 제안할 것이 있어요."

짐은 대체 투자 시장 AIM에 상장된 회사를 소유하고 있었다. 커피 리퍼블릭을 이 회사로 전환하면 시장을 통해서 열네 개 매장을 열 정도의 자금을 조성할 수 있다는 것이 슬레이터의 아이디어였다. 커피 리퍼블릭이 성장하기 위한 완벽한 자금 조성 방법이었다.

짐 슬레이터와 여러 차례 만나 회의를 거듭한 끝에 마침내 1997년 9월 19일 기업 전환이 이루어졌다. 우리는 새로 확장된 그룹 지분의 27퍼센트를 갖기로 결론지었다.

크게 유리한 협상 조건은 아니었지만 커피 리퍼블릭은 성장해야 했고 그러려면 자금이 필요했기 때문에 어쩔 수 없는 결정이었다. 우리는 스스로의 경제적 이익보다는 주식 모집을 통해서 커피 리퍼블릭이 얻을 수 있는 이익을 우선적으로 생각했다. 당시에는 커피 리퍼블릭의 성공만이 우리의 주요 관심사였다. 우리는 긴 안목으로 사업을 내다보았고 사업이 성공하면 우리도 결국 이익을 얻을 수 있을 것이라고 믿었다.

성장을 위한 준비: 사업

주식 공개 유한 회사로 탈바꿈한 것은 커피 리퍼블릭이 단번에 유아기에서 아동기로 성장하는 계기가 되었다. 1997년 9월 말에 커피 리퍼블릭은 AIM에 상장되었다. 주식 공개 대상 회사가 되자 과거와는 상대도 되지 않을 만큼 엄격하고 새로운 규제가 가해졌다.

두 달에 한 번 공식 이사회를 열어서 이사진에게 사업 경과를 보고해야 했다. 주주와 재정 담당 고문도 생겼다. 갑자기 일단의 새로운 집단이 나름대로의 의견과 계획을 가지고 커피 리퍼블릭의 사업에 개입하기 시작했다.

우리 두 사람이 법률 사무소나 투자은행의 고용인으로서가 아니라 고객으로서 당당히 이사회 회의실에 앉게 된 것은 정말 신나는 일이었다. 우리는 주식 공개 유한 회사의 필수 요건인 재정 담당 이사를 고용한 후에는 더욱 사무실로 이전해야 한다고 느끼게 되었다. 재정 담당 이사가 집에서 사무를 보게 할 수는 없었다.

센트럴 런던에서 그리 비싸지 않은 사무실 자리를 발견하는 일은 호락호락하지 않았다. 우리는 본부가 매장 가까이 있는 것이 중요하다고 생각했지만 매장은 모두 웨스트엔드에 있었고 그곳의 임대료는 가히 천문학적이었다. 파슨스그린과 몇몇 다른 지역에서 좋은 사무실 자리를 찾았지만 사업의 심장부에서 멀리 떨어진 곳에서 일하고 싶진 않았다. 그러나 놀라운 행운이 찾아왔다. 우리 감정사들이 앨버마를스트리트에 사무실을 소유하고 있었는데 임대가 되지 않아 곤란한 지경에 처하게 되었는데 마침 장기 임대의 말기였기에 좋은 조건으로 우리에게 빌려 주고 싶어 했다. 주식 공개 설명회를 열면서 우리가 그 사무실을 본부로 선택했다는 소식을 듣고 믿을 수 없다는 듯 바라보던 사람들의 표정을 잊을 수 없다. 그 좋은 자리에 그토록 저렴한 임대료를 지불하고 있다는 것을 아무도 믿지 않았다.

사업 팽창의 다음 단계를 준비하기 위해서는 경영팀을 확충해야 했는데 이 필요성은 사무실 이전과 맞물려 일어났다. 재정 담당 이사가 사무실로 들어오고 마르코와 소수이기는 하지만 마르코가 이끄는 회계팀도 사무실로 들어왔다. 또한 모든 종업원 채용과 훈련을 담당할 인사 담당 매니저를 고용했다. 이전에는 매장 매니저나 경영 매니저가 종업원의 채용과 훈련을 맡았지만 성장 계획에 따라 오로지 이 일에만 전념할 사람이 필요했다. 경영진에 새로운 인물이 투입되면서 우리 역할 또한 분명하게 할 필요가 있었다. 보비는 커피 리퍼블릭의 경영 최고 책임자가 되었고 사하는 마케팅 담당 이사가 되었다. 심지어는 접수 계원도 고용했다!

커피 리퍼블릭은 주식 공개 유한 회사의 자격과 구조를 갖게 되었지만 성격상으로는 여전히 중소 기업과 같았다. 새로 결성된 팀 구성원도 모두 사업가 정신을 지니고 있었다. 그들 모두 대기업 유형이 아니었고 커피 리퍼블릭의 융통성 있는 구조에 자신을 맞추었다. 마치 사업가로 구성된 팀 같았다. 구성원 모두가 만능이었다. 마르코는 회계 업무를 담당했을 뿐만 아니라 사무실을 관리하는 일도 맡았다. 접수 계원인 베스는 마케팅을 보좌하면서 매장 매니저의 조수 역할도 담당했다. 이러한 일은 사무실 분위기를 매우 특별하게 만들었다. 우리가 가장 만족스럽게 일했던 시기였다.

앨버마를스트리트에 사무실을 두었을 당시 가장 놀라운 점은 모든 직원이 우리가 커피 리퍼블릭에 대해서 가졌던 것과 똑같은 열정을 가지고 있었다는 것이다. 우리 모두 급성장하는 회사에서 필요로 하는 것을 충족시키기 위해 만반의 준비를 갖추고 있었다. 지위나 직책 등에 신경 쓰는 사람은 아무도 없었다. 모두에게 중요했던 것은 커피 리퍼블릭 그 자체였다. 믿기 어려울 정도로 열심히 일했던 동시에 정말 많이 웃으며 지냈다.

모두에게 보람 있는 시간이었다. 인생 주기로 보면 커피 리퍼블릭은 말하기 등을 배우면서 스스로 첫 발걸음을 내딛었던 것이다. 모두들 커피 리퍼블릭 자체를 키우는 데 헌신했고 그것이 성숙해져 가는 모습을 보면서 즐거움을 나누었다.

성장

주식을 일반에 공개한 해에 커피 리퍼블릭은 열세 개의 새로운 매장을 열었다. 이번에는 입지가 좀 더 나은 지역을 입수하여 킹스로드, 풀햄로드, 노팅힐, 코번트 가든, 콘힐을 포함해서 우리가 항상 원해 왔던 장소에 매장을 설립할 수 있었다. 커피 리퍼블릭은 이제 진정한 의미에서 런던 생활의 일부분이 되었다!

브랜드에 대한 꿈 또한 결실을 맺었다. 미국에서 '커피 마시면서 독서하기' 컨셉을 보고 나서 우리는 늘 서점에 커피 리퍼블릭 매장을 열고 싶었다. 마침내 협상이 완료되어 워터스톤에 커피 리퍼블릭이 들어섰다. 트라팔가스퀘어 지점에 우리의 첫 번째 커피 전문점이 들어서게 된 것이다.

정말 어려운 고비는 히드로 공항 매장 개점이었다. 체인을 시작하는 사업가는 대부분 히드로를 선망한다. 고정 고객을 확보할 수 있는데 다가 제품 진열에도 손색이 없는 장소였기 때문이다. 우리는 처음부터 히드로에 진입하려고 수체례 시도했으나 뜻을 이룰 수 없었다. 그러나 커피 리퍼블릭의 매장이 열 개를 넘게 되자 히드로의 담당자들이 우리에게 시간을 할애하기 시작했다.

마침내 국내선 도착 지역을 매장 장소로 제안받았다. 우리는 국제선 출발 지역을 더 원했기 때문에 그다지 맘에 들진 않았지만 그것만으로도 감사한 일이라고 받아들이기로 했다.

1997년과 1998년에는 커피 리퍼블릭을 생활 속의 브랜드로 확립하는 작업에 착수했다. 이 일에 투자할 만큼 막대한 자금이 없었기 때문에 이른바 '게릴라 마케팅'을 수행했다. 게릴라 마케팅은 고객에게 전달하고자 하는 마케팅 메시지에 사업가적 정신을 접목시킨 마케팅이다. 다시 한번 독립독행을 하게 된 것이다. 보유하고 있는 모든 자원을 본능적인 느낌, 신념, 에너지를 가지고 활용해야 했다.

경제적으로 광고를 할 여력이 없었기 때문에 언론의 관심을 얻는 유일한 해결책은 평판을 이용하는 것이었다. 평판은 브랜드를 홍보하는 데 가장 경제적인 방법이다. 번쩍거리는 지면 한 쪽에 광고를 하면 1만 5000파운드가 들지만 언론 기사는 무료이다. 그런 데다가 광고보다 기사는 세 배 이상 신뢰를 준다. 커피 리퍼블릭의 이름을 언론에 내보내기 위해 우리는 홍보 회사를 알아보았다. 이때 으레 '구태의연한' 식품 브랜드를 대표하는 홍보 회사는 배제했다. 우리는 커피 리퍼블릭이 실용적인 브랜드가 아닌 생활 양식 브랜드로 자리 매김하길 원했기 때문에 독특하게도 '아우렐리아 PR'을 선택했다. 아우렐리아 PR은 베르사체, 태그호이어 시계, 크루그 샴페인 등과 같이 매력적이며 유행의 첨단을 걷는 브랜드를 전문으로 맡고 있었으므로 언론이 고급 브랜드에 쏟는 관심에 편승할 수 있었다. 이외에도 우리는 커피 리퍼블릭의 마케팅 메시지 자체로 우리 자신을 활용했다. 커피에 대한 이야기를 쓴다고 해도 얼마나 쓸 수 있겠는가? 제품 자체보다는 사람이 훨씬 흥미를 끄는 법이다.

그 결과 우리는 상당한 언론 보도를 받을 수 있었다. 우리는 좋은 제품으로 경쟁 업체를 멀찌감치 따돌리며 모든 시음 대회에서 승리했다. 그리고 그 결과를 보여 주는 포스터를 만들어서 매장에 걸어 두었다.

마케팅 전문 지식의 부족을 보충하기 위해서 우리는 계속 본능에 의존해야 했다. 또한 계속해서 '내가 고객이라면 좋아할까?', '고객이라면 커피 전문점에 앉아서 무엇을 읽고 싶을까?' 등과 같은 질문을 스스로에게 던졌다. 이 질문에 대한 답이 마케팅 캠페인의 근본이 되었다.

우리는 각 고객이 커피 리퍼블릭에서 보내는 시간이 5~20분임을 인식하고 이를 마케팅에 최대한 활용하였다. 고객에게 짧은 시간 동안 하루의 질을 향상시킬 기분 좋은 체험을 제공할 필요가 있었던 것이다. 또한 마케팅을 통해서 커피 리퍼블릭은 약속을 일관되게 지키는 사업체임을 알렸다. 한 번에 한 사람의 고객에게 이 개념을 전달할 수 있다면 충분히 효과적일 것이라고 생각했다.

맨 처음부터 우리는 고객에게 진심에서 우러난 목소리로 말했다. 우리 주장을 일관되게 전달했기 때문에 고객과 지속적이면서도 진정한 대화를 형성할 수 있었다. 진솔한 태도, 커피 리퍼블릭의 메시지를 확신하는 태도, 고객과의 친밀한 관계를 통해 부족한 마케팅을 보충했다.

브랜드를 구축하는 데는 고도의 기술이 필요하지 않다. 브랜드는 마음에서 구축된다. 커피 리퍼블릭은 고유한 영혼과 목소리를 가졌고 고객은 커피 리퍼블릭의 목소리를 신뢰했다. 커피 리퍼블

릭이 스스로 한 말을 실천했기 때문이다. 돈으로 선택할 수 있는 어떠한 마케팅보다 '정직'이 훨씬 소중하다. 정직은 고객과 진정한 대화를 여는 기초이다.

앨버마를스트리트에서 매일 새로운 음료와 음식에 관한 아이디어를 시험했기 때문에 사업은 항상 새로울 수 있었다. 우리는 사무실에 딸린 주방이랄 것도 없는 작은 공간을 '연구 개발실'이라고 불렀다. 사무실의 모든 사람이 참여해서 새로운 제품에 대한 의견을 내놓았다. 이런 분위기는 새로운 아이디어를 신속하게 실행할 수 있다는 장점이 있었다. 형식적인 절차도 없었을 뿐만 아니라 "왜 그렇죠?"란 반응도 나오지 않았다. 대신 무슨 일에든 "해 보죠."란 반응부터 나왔다.

접수 계원인 베스가 마케팅 분야에서 사하와 밀접하게 일하기 시작하면서 곧 상근 마케팅 보조가 되었기 때문에 접수 계원을 다시 고용했다. 여름철에는 미국에서 맛본 적이 있는 아이스 커피 음료(지금 커피 리퍼블릭에서 '프리저'라는 이름으로 판매하는 제품)를 판매하고 싶었지만 공급 업체를 찾을 수 없었다. 그래서 사하는 인터넷에서 조리법을 찾아 올바른 맛을 찾을 때까지 시험을 거듭했다. 결과는 썩 좋지 않았고 계속 만드는 일도 악몽에 가까웠지만 어쨌거나 실험을 계속했다. 이렇게 개발된 음료는 결국 당시에 출시된 음료 중에서 가장 맛이 뛰어났기 때문에 고객들 사이에서 인기가 많았다.

주택가에 위치한 매장에는 아침에 부모와 함께 들르는 아이들이 많기 때문에 이들을 겨냥해서 '베이비캡'이란 제품을 만들었다. 실제로는 핫초코 위에 거품을 얹은 가짜 카푸치노로 자그마한 컵에 담아 판매했다. 이 제품 때문에 언론에 기사가 실렸다!

이즈음에는 매일 매장을 찾는 고객들을 위해 뭔가 새로운 것,

계절의 변화를 느낄 수 있는 제품을 제공하고 싶었다. 그래서 한 해의 특별한 날을 기념하기 위한 특별한 음료를 만들었다. 밸런타인데이를 위한 러브 라떼, 그린 할로윈 라떼, 크리스마스 라떼, 쿠키가 든 프리저 등이 그 예이다. 심지어는 1998년 월드컵 기간 동안에는 월드컵 라떼도 만들었다. 우리는 의미 있는 날이면 사람들이 더 감성적이기 쉽다고 느꼈고 이를 커피 리퍼블릭에 이용했다! 고비용의 세련된 마케팅 전술을 사용할 수 없었지만 순수한 감성적 요소를 잘 이용했기에 고객과 언론의 관심을 끌 수 있었다.

우리의 목소리에는 익살이 묻어 있었고 이것 때문에 놀림을 받기도 했지만 개의치 않았다. 이러한 노력에 고객들은 커피 리퍼블릭에 애정을 갖게 된 듯하다. 모든 상황에서 스스로를 고객의 입장에 놓는 태도를 취하자 더 쉽게 아이디어를 얻을 수 있었고 더 좋은 결과도 얻을 수 있었다. 한동안은 ‘내가 좋아하는 매장’ 계획을 수립하기도 했다. 종업원 각자가 자신만의 매장을 선택해서 매주 단위로 품질 관리를 하는 계획이었다.

이즈음엔 시장에 새로운 형태의 커피 전문점용 ‘식도락 제품’을 공급하려는 공급 업체가 줄을 이었다. 우리 매장도 예외가 아니어서 매일 시식용 케이크, 초콜릿, 도넛 등이 넘쳐 났다. 일단 커피 리퍼블릭에 오면 점심거리를 사러 나갈 일이 없었다. 계산대에 있는 바구니에 항상 다양한 먹을거리가 가득 차 있었기 때문이다.

사내 마케팅을 들여다보자. 이제 커피 리퍼블릭에는 수백 명의 직원이 있었고 그들에게 우리의 사업가 정신을 전달해야 했다. 우리는 소매 사업가인 줄리안 리처가 쓴 책에 감명을 받아서 ‘보비에게 말하자’라는 프로그램을 완성했다. 이 프로그램은 전국에 있는 매장 종업원들이 보비에게 커피 리퍼블릭을 위한 제안을 보내게 하는 것이었다. 매주 최고의 제안을 선정해서 포상금도 주었다.

다시 '사업가적인 본능'이 번뜩인 사하는 사보를 발행해야 한다고 주장했다. 본부에서 멀리 떨어져 있는 커피 리퍼블릭 매장에서 일하는 종업원이 최근 소식을 들을 수 있어야 한다는 것이었다. 사하는 사보 발행에 대해서는 아는 바가 없었지만 법률 사무소에서 근무할 당시 눈여겨본 훌륭한 사보를 기억해 냈다. 그래서 사하는 《커피 리퍼블릭 뉴스CR News》 제1호를 손수 작성했다. 사보의 재미를 더하기 위해서 유명인사란을 만들어 커피 리퍼블릭을 방문한 유명인사에 대한 기사를 실었다. 이러한 일은 약간의 상상력과 에너지만 발휘하면 누구라도 당장 할 수 있다.

청소년기

성장을 위한 준비: 시장

우리 사업이 너무 빨리 성장하는 것처럼 들릴지도 모르지만 시장의 행보는 더욱 빨랐다. 1998년 늦은 여름 사업 초기부터 두려워했던 일이 마침내 발생했다. 미국 거대 기업인 스타벅스가 우리의 경쟁 업체였던 시애틀 커피 컴퍼니를 인수했던 것이다. 스타벅스는 미국에 이미 1,000개의 매장을 거느리고 있는 10억 달러 자산의 회사이면서 막강한 마케팅 파워를 지니고 있었다. 우리가 광고에 투입할 자금이 없을 때에도 스타벅스는 광고비로 수백만 파운드를 뿌렸다. 스타벅스에는 연구 개발 부서가 있었지만 우리에게는 작은 주방뿐이었다. 우리가 마케팅 예산으로 겨우 네 자릿수금액을 책정했을 때 스타벅스는 수백만 파운드에 달하는 마케팅 예산을 가지고 있었다. 스타벅스에는 세계적인 마케팅 전문가가 포진해 있었지만 우리는 그저 스스로의 본능만 믿을 뿐이었다.

스타벅스는 엄청난 광고 공세를 벌이며 킹스로드에 영국 내 첫 번째 지점을 열었다. 미국에서도 스타벅스가 새로운 지역에 들어서면 이미 자리를 잡고 있던 브랜드들이 치명적인 타격을 입었던 것을 우리는 잘 알고 있었다. 스타벅스의 마케팅이 뿌리를 내린 후에는 거의 대부분이 생존하지 못했다. 이러한 일이 커피 리퍼블릭에 발생해서는 안 되었다. 다행히 영국에서는 시장에 발을 먼저 딛었고 브랜드 충성도를 획득하고 있다는 점이 우리의 장점이었다. 고객은 커피 리퍼블릭에 애정을 갖고 있었기 때문에 대부분 계속 우리 매장을 애용했다. 이 시점에서 필요한 일은 일관성을 유지하고 매장 수를 늘리는 것이었다.

커피 전문점 사업 세계에서 모든 상황은 매우 급속하게 변화했다. 1998년 말에는 우리 사업의 규모가 두 배로 팽창했다. 사업체 규모가 작았을 때는 우리 스스로 했던 업무를 이제는 전문가를 고용해 수행하게 했다. 보비는 매장 자리를 물색하기 위해서 이곳저곳 돌아다니곤 했지만 이제 평균 이 주에 한 개 꼴로 매장을 열게 되어 경영 책임자가 발로 뛰는 것은 무리였다. 그래서 부동산 매니저를 고용해서 감정사와 함께 일하면서 좋은 매장 자리를 물색하도록 했다. 한편 프로젝트 매니저를 고용해서 매장 디자인과 설계를 담당하게 했다. 또한 커피 리퍼블릭 아카데미를 개릭스트리트 매장의 좀 더 넓은 지하로 이전하고 뛰어난 훈련 담당 매니저를 고용했다.

특히 회계 부서가 급성장했다. 현금 사업에서는 불가피한 현상이었다. 급기야는 본부에 더 이상 공간을 확보할 수 없었기 때문에 마르코와 그의 팀은 다시 퀸스웨이로 옮겨 가야 했다.

정확한 시기는 기억하지 못하지만 1998년 가을 커피 리퍼블릭은 사업의 다음 단계로 전진해야 했다. 성장에 대한 압력이 증가하면서 커피 리퍼블릭은 외형뿐만 아니라 내적으로도 성숙해야 할 단계에 이르렀다.

성장

사업 초기에 존재하던 직원 간의 유대감은 회사가 성장할수록 유지하기 어려워진다. 아무리 훌륭한 팀이라도 적절한 구조를 갖추지 않으면 성공에 따른 양적·수적 팽창을 통제할 수 없게 된다. 사업 성장 시기에는 열정과 비전만으로는 회사를 생존시킬 수 없다.잘 갖춰진 시스템과 재능 있는 직원 등 필요한 것이 더 많아진다. 커피 리퍼블릭의 경우도 마찬가지였다.

1998년 말 매장은 스무 개에 달했다. 우리는 더 이상 매장마다 찾아다닐 수 없었고 모든 종업원을 일일이 알 수도 없었다. 그렇기에 그동안 고객에게 제공했던 일관성이 전과 같이 유지되지 않을 위험성이 커졌고 이에 대한 조치를 취해야만 했다.

사업체의 규모가 커지게 되면 설립자의 개성이 사업에 미치는 영향력을 '조직 문화'로 대체해야 한다는 것이 전통적인 사업 이론이다. 소규모 조직은 '문화'를 갖고 있지 않은 대신 '개성'을 갖추고 있는데 대부분 설립자의 개성이다. 하지만 사업이 성장하게 되면서 설립자의 개성이 사업에 미치는 영향력은 감소하게 마련이다. 이는 사업의 성장 과정에서 발생하는 일반적인 문제이다. 설립자의 개성에서 발산되는 빛이 더 큰 조직의 바깥 궤도를 통과하기는 어렵기 때문이다.

'조직 문화 갖추기'는 커피 리퍼블릭에서 중요한 주제가 되었다. 커피 리퍼블릭 설립의 기초가 되었던 독창적이고 융통성 있고 친근하고 개성에 바탕을 둔 특성을 그대로 유지할 뿐만 아니라 시스템을 제대로 실행하고 지속적으로 사업을 효과적으로 운영할 수 있는 문화를 구축해야 했다. 모든 사람이 닥치는 대로 임무를 수행하는 것은 더 이상 장점이 될 수 없었다. 격식을 차리지 않은 우리의 태도가 결국 제품의 품질과 일관성을 저해하기에 이르렀기에 더 이상 직원 개인의 선의에만 의존하지 말고 제대로 된 시스템을 구축해야 했던 것이다.

커피 전문점 시장이 달아오르고 스타벅스가 영국 시장에 입성하면서 더더욱 매순간 고객에게 커피 리퍼블릭 체험을 완벽하고 일관되게 전달하도록 해야 했다. 이 일을 달성할 수 있는 유일한 방법은 종업원을 이용하는 것뿐이었다. 최고의 종업원을 고용하고 그들을 훈련시키고 동기를 부여해야 했다. 커피 리퍼블릭을 모든 사람이 일하고 싶어 하는 장소로 만들어야 했다. 그러기 위해서는 커피 리퍼블릭이 그 자체의 생명과 힘을 소유하고 설립자로부터 완전히 독립된 새로운 문화를 갖추어야 했다.

당시 우리는 식음료 관련 잡지에서 좀 더 좋은 일거리를 찾는 매우 저명한 인물에 관한 기사를 읽게 되었다. 팀 구축 능력이 뛰어나 사업계에서는 전설적인 인물이었는데 사람들을 잘 관리하기로 유명했다. 커피 리퍼블릭에는 바로 이러한 관리 능력이 필요했다. 우리는 그 사람이 커피 리퍼블릭의 문화를 창조할 수 있는 인물이라고 판단하고 그를 끈질기게 쫓아 다녔다.

1999년 1월 그는 경영 이사로 커피 리퍼블릭에 합세했다. 이는 커피 리퍼블릭이 아동기에서 벗어나 계속 성장할 것임을 예고하는 일이었다.

성장을 위한 준비: 사업
새로운 경영 이사는 매우 급속한 성장 속에서도 지탱할 수 있을 만한 전문 경영 문화를 도입하기 시작했다. 우리는 연간 매장을 서른 군데 열 계획이었다. 사업을 아동기에서 벗어나 성인기로 끌어올릴 계획이었던 것이다. 그러나 앞에서 인생 주기의 비유를 들어 설명했던 것처럼 청소년기라는 요동이 심한 시기를 통과하지 않으면 아동기에서 성인기로 갈 수 없었다.

경영 이사는 사람을 잘 다룰 줄 아는 사람답게 전에 함께 일한 적이 있는 사람들로 구성된 팀을 영입했고 자신의 방법을 따르게 했다. 그들은 예전에 TGI와 프레타망제 등에서 새 경영 이사와 함께 일했으며 커피 리퍼블릭의 성장 과정에 대해 이미 들어서 알고 있었기 때문에 기꺼이 합세하고 싶어 했다. 틀이 갖춰진 경영 문화를 거의 순식간에 소유할 수 있게 된 것이다!

보비는 경영 최고 책임자 자리에 남아 있으면서 자금 조성을 포함하여 사업이 팽창하는 데 필요한 재정 문제를 담당했다. 사하는 마케팅 이사로 일했고 그녀의 부서에는 마케팅 보좌관과 새로 고용한 구매 담당 매니저가 있었다.

그러나 초고속으로 성장하는 사업은 결코 계획대로 수월하게 진행되는 법이 없다. 모든 것이 제자리를 찾아 정착된 듯 보였을 때 다시 한번 갑작스러운 변화가 찾아왔다!

예전에는 전혀 끌어 올 수 없었던 능력 있고 잘 훈련된 직원을 고용하게 된 일은 매우 고무적이었지만 갑자기 그런 직원이 너무 많아진 듯했다. 새로운 직원은 실제로 관리 시스템, 훈련 지침서 등을 곧 체계화했고 공식적인 의사소통 체계를 수립했다. 그러나 직원 각자의 책상에 장벽이 쳐져 있는 것 같았다. 역할과 직무는 명확하게 구분되어 있었지만 그 사이에 융통성이란 거의 없었다. 더 이상 옛날 커피 리퍼블릭의 모습은 찾아볼 수 없었다.

커피 리퍼블릭은 이제 거대 기업으로 성장하려 했다. 그래서 하루아침에 아동의 특성을 버리려고 했다. 이러한 변화가 지나쳤기 때문에 원래 있던 팀에 속한 직원들은 처음 커피 리퍼블릭에 대해 느꼈던 애정을 더 이상 느끼지 않는 상태에서 일하고 있음을 깨닫게 되었다. 커피 리퍼블릭은 이제 그때의 그 회사가 아니었다. 이제 '대기업'이었다.

결국 원래의 팀 전원은 막다른 길에 다다랐다고 느꼈고 몇 개월 안에 커피 리퍼블릭을 떠났다. 매우 슬픈 일이 아닐 수 없었다. 특히 2000년 봄 마르코의 사직은 받아들이기 매우 어려웠다. 커피 리퍼블릭 생애의 한 단계가 막을 내린 것이다. 마르코의 환송 파티에서는 많은 사람이 눈물을 흘렸다.

성장에 따른 고통 – 문화 충돌

일반적으로 이러한 변화에 가장 심한 타격을 받는 사람은 사업가 자신이다. 항상 사업가 정신을 조직에 구현하려 했던 사하는 이런 변화를 매우 강렬하게 느꼈을 뿐만 아니라 받아들이기 어려워했다. 갑자기 매니저가 되었고 더 이상 꿈꾸는 사람도 꿈을 실행하는 사람도 아니었다. 마케팅 부서의 책임자로 회사의 온갖 제약을 받았고 공식적인 보고 체계를 따라야 했다. 아침마다 경영 회의를 열어야 했고 서류를 검토해야 했고 성과 관리 시스템을 정비해야 했다. 주방에서 새로운 제품을 시험해 보는 일도 새로운 제안을 놓고 고민하는 일도 더 이상 없었다. 직원에게서는 과거처럼 "해 보죠."라는 반응을 들을 때보다 "불가능해요."라는 말을 들을 때가 더 많았다. 꿈꾸는 단계가 막을 내렸다.

조립 라인에서 일하는 직원을 더 빨리 일하게 하려고 독려할 때 헨리 포드가 썼던 유명한 말이 있다. 같은 일에 수년 동안 종사해 왔던 직원은 헨리 포드에게 최대한 신속하게 일하고 있기 때문에 더 이상 빨리 할 수는 없다고 말했다. 그러자 헨리 포드는 이렇게 얘기했다.

"그렇다면 이 일이 가능하지 않다는 점을 모르는 스물다섯 살짜리를 내게 데려 오시오."

경험이 많은 사람들로 이루어진 팀은 양날이 있는 검과 같다. 갓 시작한 회사가 틀에서 벗어난 사고를 할 때 성숙한 조직은 틀 안에 머물며 사고한다. 관습적인 지혜가 조직을 지배하는 철학이 된다. 경험 있는 사람들이 들어와 운영하게 되면서 커피 리퍼블릭은 틀 안에 들어갔고, 너무 많은 규칙과 직무 수행 방법 때문에 더 이상 새로운 일을 시도하는 데 마음을 열지 못했다. 직원들은 수없이 많은 이유를 들며 새로운 일을 시도하지 않으려 했다.

문화 충격을 경험한 사업가는 우리가 처음도 아니며 마지막도 아닐 것이다. 문화 충격은 사업이 성장하면 어쩔 수 없이 파생되는 결과이고, 조직의 기질과 사업가적인 태도 사이에 섬세한 균형을 유지하기 위한 필요에서 나온 결과이다.

새로운 구조에서 우리가 목격하게 된 또 다른 결과는 바로 사업체의 초점이 내적인 측면에 집중되기 시작했다는 점이다. 외부적으로 커피 리퍼블릭의 고객으로부터 발생하는 일보다 내부에서 발생하는 일이 더 중요하게 부각되었다. 우선순위가 바뀌는 이상한 사태가 발생한 것이다. 그러나 외부에서 내부로 초점이 이동하는 현상은 성숙 과정의 사업체에서 흔히 목격되는 전형적인 징후로써 대부분의 사업가에게 가장 큰 불만거리일 수밖에 없다.

설립자인 우리와 경영 팀 간에 건강하면서도 열띤 논쟁이 수없이 오고갔다. 브랜드 가치 대 이윤의 논쟁이었다! 일례로 커피 블렌드의 중요성을 두고 격렬한 논쟁을 벌인 적이 있었다. 커피 블렌드를 바꾸는 일은 DNA의 침해라고 생각했기 때문에 사하는 끝까지 거부했다. 그 후에도 이와 유사한 논쟁이 끊이지 않았다. 자동 기계, 매장 내에서 코카콜라의 판매, 고객 카드의 존속, 클래식에서 오페라로의 매장 음악 변경 등등. 사사건건 새 경영 이사는 적극적으로 변화를 추구하려 했던 반면 설립자인 사하는 변화에 맞서 싸웠다.

몇 가지 면에서는 새 경영 이사가 승리를 거두었다. 고객에게 열 번째 음료를 무료로 제공했던 그 유명한 고객 카드를 없앴던 것이다. 새 경영 이사는 이 방식이 낭비가 될 가능성이 많다고 보았다. 매장의 규모가 작을 때는 상관없지만 매장이 스물다섯 군데 이상이 된 시점에서는 더 이상 실용적인 방법이 아니라는 주장이었다. 여러 개의 매장을 거느린 조직에서 '무료'는 판매고를 올리는 올바른 방법일 수 없었다. 사실 그의 말이 옳았다. 원래의 계획을 지켜 나가면 좋았겠지만 더 이상 실용적인 계획은 아니었다.

사하가 커피 리퍼블릭에 반드시 필요한 요소라고 생각했던 클래식 음악도 사라졌다. 그런데 요즘 재즈 FM을 듣다 보니 이것도 들을 만하다! 아마도 변화는 필요한 것인지 모르겠다.

사업가적 태도를 지키려 하는 사하와 문화적 충돌을 빚기는 했지만 새로운 팀은 경이로운 업적을 쌓았다. 1999년과 2000년에 커피 리퍼블릭은 거의 오십 개의 매장을 열었다. 이러한 급속한 성장률은 사업체에 엄청난 압력을 주었지만 새로운 팀은 그 압력을 견디어 낼 만큼 강인하고 직업 정신이 투철했다.

밀레니엄 시대에 커피 리퍼블릭은 엄청난 도약을 했다. 《파이낸셜타임스》의 시장 보고서에서 커피 리퍼블릭은 새로운 영국을 대표하는 다섯 개 브랜드 중 하나로 선정되었다. 2000년 5월에 문을 열면서 커피 리퍼블릭을 사업 출범 파트너로 선정했던 테이트모던 갤러리와 함께 이룬 쾌거였다. 사업 출범 파트너로 선정되어 그토록 중요한 런던의 명소와 팀을 이룰 수 있었던 것은 우리로서는 매우 영광스러운 일이었다.

우리는 엄청나게 빠른 속도로 새로운 매장을 열어 나갔다. 커피 리퍼블릭에는 헌신적인 매장 개업 팀이 있었고 그들은 에너지와 열정을 다해서 이 일을 수행했다. 개업 팀은 새로운 매장을 고객이 처음부터 인식하고 있던 형태의 커피 리퍼블릭으로 만들어 갔다.

우리 두 사람은 커피 리퍼블릭 아카데미의 졸업식 때마다 초대 되었다. 졸업식은 교육받은 바리스타들이 일하게 될 매장이 개업 하기 전에 거행되었으며 새로운 바리스타들의 훈련 이수를 축하하 기 위한 행사였다. 개업 준비에 전혀 관여한 적이 없는 새로운 매 장의 개업식에 손님으로 초대받는 일은 멋진 일인 동시에 다소 우 울한 일이기도 했다. 이는 아마도 부모가 성인이 된 자녀의 졸업 식에 가면서 느끼는 감정과 비슷할 것이다. 자신이 키워 놓은 자 녀가 한없이 자랑스럽지만 자녀가 독립적인 인물이 되어 불쑥 앞 에 나타났을 때는 다소 놀라게 된다. 이제 부모 없이도 스스로 살 아갈 수 있게 된 것이다.

새로운 변화가 다시 찾아왔다. 경영 이사가 본사 이전을 주장했 다. 앨버마를스트리트에 위치한 본사가 현재 사업 규모에 비해 너 무 협소해졌기 때문이다. 회사 전체 부서를 같은 건물에 둘 필요 가 있었다. 여전히 회계 부서는 퀸스웨이에 인사 관리 부서는 개 릭스트리트에 있었다.

이 일로 우리 두 사람은 이제 더 이상 커피 리퍼블릭에 필요한 존재가 아니라는 사실을 깨닫게 되었다. 본사의 이전은 우리 사업 체가 성인기로 진입하는 사업 여정의 마지막 단계였다. 우리가 사 업가적인 정신으로 커피 리퍼블릭을 이끌던 시대는 끝이 났기 때문에 더 이상 회사에서 중추적인 역할을 차지할 수 없었다. 우리는 요동이 심한 십 대를 무사히 넘기면서 커피 리퍼블릭의 DNA를 온전하게 지켰다. 커피 리퍼블릭은 이제 완전히 독립된 성인이었다. 강인하며 올바른 가치와 정신을 지니고 있었다. 우리는 커피 리퍼블릭이 새로운 팀을 정비해서 스스로 전진해야 한다는 점을 깨달았다. 이제 손을 놓을 시간이 된 것이다.

옮긴이 │ 안기순

이화여자대학교 영어영문학과와 동 대학 교육 대학원을 졸업하고 미국 시애틀 소재 워싱턴 대학에서
사회사업학 석사 학위를 취득했다. 옮긴 책으로 『파워 커플스』, 『상형문자로의 여행』, 『베이비 러브』,
『종이위의 기적, 쓰면 이루어진다』, 『뭐라 말할 수 없을 때 마음을 전하는 말』, 『마크 트웨인 자서전』
등이 있다.

나의 첫 사업 계획서

2판 1쇄 펴냄 2011년 9월 8일
2판 6쇄 펴냄 2017년 9월 19일
1판 1쇄 찍음 2002년 8월 31일
1판 9쇄 펴냄 2010년 8월 20일

지은이 │ 사하 & 보비 하셰미
옮긴이 │ 안기순
발행인 │ 박근섭
펴낸곳 │ ㈜ 민음인

출판등록 │ 2009. 10. 8 (제2009-000273호)
주소 │ 06027 서울 강남구 도산대로 1길 62 강남출판문화센터 5층
전화 │ 영업부 515-2000 **편집부** 3446-8774 **팩시밀리** 515-2007
홈페이지 │ minumin.minumsa.com